Ilona Steckhan
Mit Naturvölkern kochen
Die Küche der Pueblo-Indianer

ILONA STECKHAN

MIT NATURVÖLKERN KOCHEN

DIE KÜCHE
DER PUEBLO INDIANER

1986
DREISAM VERLAG FREIBURG I. BR.

CIP-Kurztitelaufnahme der Deutschen Bibliothek

Steckhan, Ilona:
Mit Naturvölkern kochen: die Küche der
Pueblo-Indianer / Ilona Steckhan. — 1. Aufl.—
Freiburg i.Br.: Dreisam-Verlag, 1986.
ISBN 3-89125-227-7

1. Auflage 1986
© Dreisam-Verlag GmbH, Luisenstr. 7, 7800 Freiburg
Gesamtgestaltung: Michael Wiesinger
Redaktion: Reinhild Hensle
Satz: Satzstudio Schumacher, Brombergstr. 9a, 7800 Freiburg
Druck: Rombach: Druckhaus KG, Lörracher Str. 3, 7800 Freiburg
Vertrieb: Prolit-Buchvertrieb, Postfach 11 10 08, 6300 Gießen 11
Berlin: Rotation, Mehringdamm 51, 1000 Berlin 61
Österreich: Junius Vertrieb, Brunnengasse 3, A-1160 Wien
Schweiz: Riklin + Candinas, Münstergasse 41, CH-3000 Bern 8
ISBN 3-89125-227-7

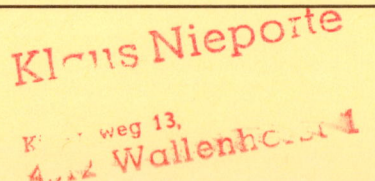

Die Regenwolken
sorgen für die jungen Maispflanzen,
wie eine Mutter für ihr Kind sorgt.

Pueblo-Lied

Vorwort

Als ich vor ein paar Jahren erstmals indianische Reservationen im Südwesten der USA besuchte und Kontakt zu Indianerfrauen bekam, hatte ich eine Idee, die mich seither nicht mehr losließ.

Warum sollte ich mein Interesse an diesen Kulturen auf das beschränken, was den Touristen an Informationen dargeboten wird? Warum nicht einen Schritt weitergehen und sich die Lebensgewohnheiten dieser Menschen näher anschauen?

Zu den wichtigsten täglichen Arbeiten der Frauen in den Pueblo-Siedlungen gehört nach wir vor das Zubereiten der Nahrung. Und da ich selbst mit Leidenschaft koche, lag es nahe, sich mit den Frauen über Haushalt, Küche und Kochrezepte zu unterhalten. Daraus entstand bei mir der Wunsch, Kochrezepte der Pueblo-Indianer zu sammeln.

Aus diesem Grund besuchte ich zunächst die meisten der Indianerreservate am Rio Grande in der Gegend um Taos, Santa Fe und Albuquerque in New Mexico, später das Reservat der Hopi in Arizona. Die Gerichte, die ich zuerst einmal selbst ausprobierte, waren so schmackhaft, daß ich mich entschlossen habe, die Rezepte in Form eines Buches auch anderen Freunden nicht alltäglicher Kochkunst zugänglich zu machen.

Einige Änderungen der Originalrezepte waren allerdings unumgänglich, da Bären- oder Bisonfleisch, Biberschwänze und wilde Truthühner selbst für den findigsten Feinschmecker bei uns nur schwer zu beschaffen sein dürften. Auch die wildwachsenden Beeren, die zu einigen Gerichten dazugehören, sind nicht für jedermann erreichbar. Und schließlich dachte ich an diejenigen, deren Magen die großen Mengen an Chilis möglicherweise nicht vertragen hätten.

So beschränkte ich mich bei der Auswahl der Rezepte und der Zutaten auf solche Lebensmittel, die bei uns erhältlich sind, damit meinen Lesern nicht schon von Anfang an Schwierigkeiten entstehen. Einige der in diesem Buch genannten Zutaten wie Ahornsirup, Chilisauce oder wilder Reis sind allerdings nur in Delikatessengeschäften erhältlich.

Ich möchte darauf hinweisen, daß Chilis einen sehr unterschiedlich scharfen Geschmack haben können. Das Probieren jeder Chilischote vor dem Zubereiten kann unliebsame Überraschungen vermeiden. Übrigens: Chilis sind bei uns auch als Peperoni oder Pfefferschoten bekannt.

Außerdem sei noch erwähnt, daß der Inhalt der in den Rezepten angegebenen „Tasse" 150 ccm beträgt.

Außer den Rezepten finden sich in diesem Buch auch Beschreibungen der von den Pueblo-Indianern verwendeten Gewürze zu den vorstehenden Gerichten.

Die beschriebenen interessanten Wildpflanzen wachsen auch bei uns. Sie werden von den Pueblo-Indianern zur Heilung ihrer Krankheiten in mannigfacher Weise angewendet. Dieses Kapitel erhebt keinen Anspruch auf Vollständigkeit. Trotz eigener Krankenhäuser in den Dörfern der Pueblos sind Heilkräuter in jeder „Hausapotheke" zu finden.

DANK

Nicht versäumen möchte ich, den Indianerfrauen meinen aufrichtigen Dank für ihre freundliche und bereitwillige Mitarbeit zu sagen.

Ohne sie wäre dieses Buch nicht zustandegekommen.

Besonders danke ich hier

Juanite Gonzales, San Ildefonso Pueblo,

Maida Gallegos, Cochiti Pueblo

und den interessierten Indianerfrauen aus dem Laguna Pueblo.

In entgegenkommender Weise verhalfen sie mir zu den erbetenen Rezepten, darüber hinaus sandten sie mir — wie versprochen — weitere Rezepte nach Deutschland, die ich bei meiner Rückkehr vorfand.

Herzlich danke ich auch Frau Maja Bröde, Rastatt, die unermüdlich alle Rezepte mit mir durchkochte. Mein Dank gebührt auch meinem Sohn Michael Stockfisch, der mit mir die Indianerreservationen in New Mexico bereiste und mir half, in einsamen Gegenden Schwierigkeiten zu meistern.

Herrn Professor Dr. Wolfgang Lindig, Institut für historische Ethnologie der Universität Frankfurt, sage ich Dank für seine Liebenswürdigkeit, die Korrekturen am Kapitel Wildpflanzen vorgenommen zu haben.

Ebenso danke ich dem Ethnologen Dr. Peter Bolz aus Frankfurt, der mir bei der Beschaffung von Bildmaterial behilflich war und die ethnologische Einführung zu diesem Buch verfaßte.

Danken möchte ich dem Verlag, der dieses Buch in seine Reihe exotischer Kochbücher aufnahm und dabei meinen Ausstattungswünschen entgegenkam.

Die „Museum of New Mexico Press" gestattete mir, dem Pueblo Indian Cook-Book von Phyllis Hughes fünfzehn Rezepte zu entnehmen.

Allen meinen Lesern wünsche ich viel Freude und ein gutes Gelingen beim Kochen.

Baden-Baden, im Herbst 1985.

Ilona Steckhan

INHALTSVERZEICHNIS

Vorwort ——————————————————————————— 6
Dank ———————————————————————————— 8
Die Pueblo-Indianer ——————————————————— 12
Der Haushalt der Pueblo-Indianer ——————————— 13

Suppenrezepte
Hühnersuppe mit Klößchen ——————————————— 16
Indianische Sommersuppe ——————————————— 17
Hühnersuppe mit Kürbis ———————————————— 18
Erbsen-Mais-Suppe ——————————————————— 19
Grüne-Erbsen-Suppe —————————————————— 20
Rote-Bohnen-Suppe ——————————————————— 21
Indianische Bohnensuppe ——————————————— 22
Bohnensuppe mit Beinfleisch ————————————— 23
Hammeleintopf ————————————————————— 24
Bohnencremesuppe ——————————————————— 25
Maissuppe ——————————————————————— 26
Erdnuß-Sahne-Suppe —————————————————— 27

Salatrezepte
Kürbissalat ——————————————————————— 30
Kohlsalat ——————————————————————— 31
Endiviensalat —————————————————————— 32
Tomatensalat —————————————————————— 33
Cochiti-Bohnensalat —————————————————— 34

Ackerbau im Tal des Rio Grande ——————————— 35
Bohnen, Mais und Kürbis ——————————————— 38

Gemüsegerichte

Rote-Bohnen-Gemüse —————————————————— 39
Gemüseauflauf ———————————————————————— 40
Indianisches Maisgemüse —————————————————— 41
Maisgemüse der Pueblos ——————————————————— 42
Auflauf aus New Mexico ——————————————————— 43
Grüne-Bohnen-Gemüse ——————————————————— 44
Bohnen mit Frühlingsgrün —————————————————— 45
Karottengemüse mit Orangensaft ————————————— 46
Hopi-Karotten ———————————————————————— 47
Gemüsetopf ———————————————————————————— 48
Kürbisgemüse —————————————————————————— 49
Kürbisauflauf ——————————————————————————— 50

Die Jagd ————————————————————————————— 51

Fleischgerichte

Maispastete ———————————————————————————— 54
Fleisch mit grünem Chili —————————————————— 56
Zuñi-Succotash ———————————————————————— 57
Gehacktes ————————————————————————————— 58
Geschmorte Rinderwürfel —————————————————— 59
Festtags-Schweinebraten —————————————————— 60
Schweinerippchen ————————————————————————— 62
Rindfleischstreifen —————————————————————— 63
Cochiti-Fleischklößchen —————————————————— 64
Hirschsteaks ———————————————————————————— 65
Hackfleischröllchen ———————————————————————— 66
Lammbraten „Santa Clara" ————————————————— 67
Sonntagshühnchen ——————————————————————— 68
Fleischrolle mit Frühlingsgrün ——————————————— 70
Festtags-Poularde ———————————————————————— 72
Gebratene Babypute ——————————————————————— 74
Cochiti-Hammelkeule —————————————————————— 76

Süßspeisen

Cochiti-Pudding _____ 78
Ofenfrischer Kürbis _____ 79
Taos-Pfirsichpudding _____ 80
Weizenkeimpudding _____ 81
Zuñi-Reispudding _____ 82
Brotpudding _____ 83
Das Zubereiten der Nahrung _____ 84

Brot und süße Backwaren

Mandelplätzchen _____ 88
Maisküchlein _____ 89
Santa-Clara-Röllchen _____ 90
Pfefferbrot _____ 91
Gefüllte Hefebällchen _____ 92
Indianisches Schrotbrot _____ 94
Schinkenbrot _____ 95
Des Indianers Brot _____ 96
Brot der Hopi-Indianer _____ 97
Maisbrot mit Salbei _____ 98
Maismehlfladen _____ 99
Indianische Fladen _____ 100
Sauerteigfladen _____ 101
Besuch im Reservat von San Ildefonso _____ 102

... so allerlei

Chili-Gewürzsauce _____ 105
Maisgrießschnitten _____ 106
Chilihäppchen _____ 107
Indianische Omeletts _____ 108
Grüne Chiliklößchen _____ 109
Maismehlklößchen _____ 110
Eier-Paprika-Auflauf _____ 111
Markknochenaufstrich _____ 112
Gewürze und Kräuter der Indianerküche _____ 113
Wildpflanzen der Indianerapotheke _____ 123

11

DIE PUEBLO-INDIANER

Die Kulturen der heutigen Pueblo-Indianer in New Mexico gehen auf die vorgeschichtliche Kultur der Anasazi zurück, die in der Zeit zwischen 1100 und 1300 n. Chr. ihre größte Blüte erreichte. Mit Hilfe besonderer Bewässerungstechniken pflanzten diese seßhaften Ackerbauer Mais, Bohnen und Kürbisse an. Diese Nutzpflanzen wurden von den im heutigen Mexiko entstandenen frühen Hochkulturen übernommen.

Die ständig zunehmenden seßhaften Gruppen entwickelten eine hochstehende Töpfer- und Korbflechtkunst. Mit der Kultivierung der Baumwolle entstand die Weberei.

In dem trockenheißen Gebiet war die Verfügbarkeit von Wasser lebensnotwendig, so daß die Pueblo-Indianer ein sehr komplexes System von Ritualen schufen, die in erster Linie zur Beeinflussung der Regengottheiten dienten.

Nachdem die Spanier das Gebiet im 16. Jahrhundert erobert hatten, kam zu Ackerbau noch die Viehhaltung hinzu.

Charakteristisch für die Siedlungsweise der Pueblos war die mehrstöckige Kompaktbauweise ihrer Dörfer, wie sie heute noch im Pueblo von Taos zu sehen ist. Diese Bauweise wird jedoch immer mehr zugunsten einzelstehender Einfamilienhäuser aufgegeben. Hinzukommen die Annehmlichkeiten der modernen „Zivilisation" wie Elektrizität und fließendes Wasser, die in immer stärkerem Maße Einzug in die traditionellen Pueblo-Dörfer halten. Auch die Ausstattung des Haushaltes gleicht heute mehrheitlich jener der amerikanischen Mittelklasse. Fernseher, Kühlschrank und vielfach auch Tiefkühltruhe gehören zur Standardausrüstung einer Wohnung, und eingekauft wird im Supermarkt der nahen Städte.

Obwohl die Mehrheit der Pueblo-Indianer nach wie vor dem Ackerbau nachgeht, gewinnt die Lohnarbeit doch immer mehr an Bedeutung. Auch die Herstellung von Kunsthandwerk, insbesondere die Töpferei, ist zu einer wichtigen zusätzlichen Einkommensquelle geworden. Einige Dörfer wie San Ildefonso und Santa Clara erzielen heute bereits den überwiegenden Teil ihres Einkommens durch Lohnarbeit und den Verkauf von Kunsthandwerk.

DER HAUSHALT
DER PUEBLO-INDIANER

Metatebank

Fast jeder Pueblo-Haushalt verfügt noch heute über den von den Spaniern übernommenen bienenkorbförmigen Außenofen. Diese ca. 1,50 m hohen Backöfen befinden sich entweder vor dem Haus oder auf dem Dach. Die Öfen bestehen aus Adobe, den luftgetrockneten Lehmziegeln, und werden mit Holz beheizt.

Im Innern des Hauses war die Metatebank ursprünglich das wichtigste Haushaltsgerät. Diese Bank bestand aus einer Reihe von meist drei Reibsteinen (Metates) mit unterschiedlich gerauhter Oberfläche. Mit Hilfe eines Handreibsteins (Mano) hat man hier den Mais zu Mehl gemahlen. Die frischen Maiskörner wurden zunächst nur grob zerrieben und anschließend in einer flachen Tonschale über dem Feuer getrocknet. Dann wurde der Mahlvorgang auf einem feineren Metate so lange wiederholt, bis das Maismehl die gewünschte Feinheit erreicht hatte.

Vor allem in den Wintermonaten produzierten die Frauen größere Mengen von Maismehl, das in großen Tongefäßen (Ollas), die man mit Lehm versiegelte, aufbewahrt wurde.

Gefäß der Zuñi-Indianer

Heute wird Maismehl nur noch zu religiösen Zwecken auf die oben beschriebene Art mit Mano und Metate gerieben. Bereits 1885 wurde beispielsweise im Pueblo Santa Clara die erste wassergetriebene Mühle errichtet, die den Frauen diese mühsame Arbeit abnahm. Seit dieser Zeit gingen die Pueblos verstärkt zu kommerziell produzierten Mehlprodukten über.

Neben Tontöpfen der verschiedensten Form und Größe gehörten flache Steinplatten mit geglätteter Oberfläche ursprünglich zum wichtigsten Kücheninventar. Auf diesen Platten, die man über dem Feuer erhitzte, wurden die hauchdünnen Maismehlfladen (Piki), die Tortillas und andere Gerichtet zubereitet. Heute werden dazu Backbleche benutzt, die man zum Erhitzen auf den Propangasherd legt. Auch die übrigen modernen Haushaltsgegenstände entsprechen dem amerikanischen Standard und sind aus Metall oder Plastik, wie man sie in jedem Supermarkt kaufen kann.

Die Küche geht in der Regel in den Wohnraum über und ist meist recht einfach mit Eßtisch, Stühlen oder Bänken möbliert. Ursprünglich soll die Feuerstelle mitten im Raum gelegen haben. Sie wurde später in eine Ecke verlagert und mit einem Rauchfang versehen, der häufig aus alten Tongefäßen ohne Boden bestand.

Im Sommer wurde nicht in der Küche, sondern in der außerhalb des Hauses errichteten Ramada gekocht. Die Ramada ist ein einfaches, auf vier Pfosten ruhendes Schattendach, das gleichzeitig als Trockengestell für Mais, Kürbisse, Chilis und andere pflanzliche Produkte dient.

SUPPENREZEPTE

HÜHNERSUPPE MIT KLÖSSCHEN

Die Suppe ist für
4–5 Personen berechnet.
Vorbereitungszeit: 20 Min.
Zubereitungszeit: 60 Min.
(die Zeit verkürzt sich um
30 Minuten, wenn ein Drucktopf verwendet wird)
Zutaten:
2 Tassen gewürfeltes
Hühnerfleisch, gekocht, enthäutet und entbeint
5 Tassen Hühnerbrühe (evtl.
zusätzlich einen Würfel auflösen)
1 rote Chilischote mit
Kernen, fein geschnitten
1 Tasse gewürfelte Karotten
1 Tasse gewürfelte Sellerie
1 Fleischtomate, enthäutet
und gewürfelt

2 Tassen gewürfelter Kürbis
3 Eßl. Butter
½ Teel. Salz
½ Teel. Korianderpulver

Zubereitung:
Das Gemüse in der Butter andünsten und mit der Hühnerbrühe auffüllen, 15 Minuten
garköcheln lassen. Das gekochte Fleisch dazugeben,
ebenso die Gewürze; alles zusammen aufkochen und
durchziehen lassen.
Klößchen zufügen (s.S. 109,
110).

INDIANISCHE SOMMERSUPPE

Die Suppe ist für 4 Personen berechnet.
Vorbereitungszeit: 20 Min.
Zubereitungszeit: 20 Min.
Zutaten:
5 Tassen Hühnerbrühe (evtl. Würfel auflösen)
4 Tassen feingeschnittener Kürbis
2 Tassen feingeschnittene frische grüne Bohnen
1 Tasse frische grüne Erbsen
1 Fleischtomate, enthäutet und fein geschnitten
3 frische grüne Lauchzwiebeln, fein geschnitten
2 Eßl. frische grüne Minze, fein geschnitten
1 Teel. Chilipulver
1 Tasse saure Sahne
Salz nach Geschmack

Zubereitung:
In der Hühnerbrühe alle Zutaten, außer der Sahne, ca. 20 Minuten garköcheln lassen. Die Sahne unterziehen, evtl. mit Salz abschmecken.

HÜHNERSUPPE MIT KÜRBIS

Die Suppe ist für 5 Personen berechnet.
Vorbereitungszeit: 15 Min.
Zubereitungszeit: 70 Min.
(die Zeit verkürzt sich um 30 Minuten, wenn ein Drucktopf verwendet wird)
Zutaten:
1 kleines Suppenhuhn
5 Tassen Wasser
3 Eßl. Erdnußbutter
1 rote Chili mit Kernen, gewürfelt
2 Tassen gewürfeltes Kürbisfleisch
½ Tasse geriebene Zwiebeln
½ Tasse Erdnüsse, im Mixer zerkleinert
1 Eßl. frische oder getrocknete Minze
1 Teel. Ahornsirup
1 Tasse süße Sahne
Salz nach Geschmack

Zubereitung:
Das Suppenhuhn in dem Wasser kochen, die Haut entfernen, das Fleisch würfeln. In der Erdnußbutter Chili und Kürbisfleisch mit der Zwiebel andünsten. Mit der Hühnerbouillon und dem gewürfelten Hühnerfleisch auffüllen, alle weiteren Zutaten dazugeben und kurz aufkochen lassen. Mit Salz abschmecken, falls notwendig, und gut durchziehen lassen.

ERBSEN-MAIS-SUPPE

Die Suppe ist für 4 Personen berechnet.

Vorbereitungszeit: 15 Min.
Zubereitungszeit: 30 Min.
Zutaten:
4 - 5 Tassen Hühnerbrühe (evtl. Würfel auflösen)
3 Tassen frische oder tiefgefrorene Erbsen
2 Tassen Mais (entspricht der Dose mit 285 Gramm)
1 Tasse gewürfelte Tomaten, enthäutet
1 große Zwiebel, gerieben
1 Tasse Sonnenblumenkerne, im Mixer grob gehackt
1 zerdrückte Knoblauchzehe
1 Teel. Chilipulver
1 Tasse süße Sahne
Salz nach Geschmack

Zubereitung:
Die Erbsen in der Hühnerbrühe 20 Minuten garen, Mais und Tomaten dazugeben und aufkochen lassen. Dann kommen alle übrigen Zutaten hinzu, am Schluß die Sahne; alles gut durchziehen lassen.
Anmerkung:
Man kann etwas mehr Hühnerbrühe für die Suppe nehmen und Klößchen zugeben. Klößchenrezepte (s.S. 109, 110).

GRÜNE-ERBSEN-SUPPE

Die Suppe ist als Vorgericht für
4 Personen berechnet.
Vorbereitungszeit: 10 Min.
Zubereitungszeit: 40 Min.
(die Zeit verkürzt sich um
15 Minuten, wenn ein Drucktopf verwendet wird)
Zutaten:
2 Tassen gewürfeltes Hühnerfleisch, gekocht und enthäutet
4 Tassen frische oder tiefgefrorene Erbsen
3 Tassen gewürfelte Zucchini,
geschält
1 Tasse gewürfelte Zwiebeln
3 - 4 Tassen Hühnerbrühe (evtl.
Würfel auflösen)
1 zerdrückte Knoblauchzehe
1 Teel. Salbei
½ Teel. Pfeffer
Salz nach Geschmack

Zubereitung:
Das Hühnerfleisch kochen, beiseitestellen. Das Gemüse kurz
in der Hühnerbrühe kochen; es
soll noch einen „Biß" haben.
Fleisch und die Gewürze dazugeben, gut durchziehen lassen.
Anmerkung:
Man kann mehr Hühnerbrühe
zur Suppe geben und Klöß-
chen zufügen.
Klößchenrezepte (s.S. 109, 110).

ROTE-BOHNEN-SUPPE

Die Suppe ist für 5 Personen berechnet.
Vorbereitungszeit: 20 Min.
Zubereitungszeit: 80 Min.
(die Zeit verkürzt sich um 30 Minuten, wenn ein Drucktopf verwendet wird)
Zutaten:
500 Gramm Hammelfleisch zum Kochen
4 Tassen Wasser
3 Tassen gewürfelte Kartoffeln
1 Tasse gewürfelte rote Bete
1 Tasse feingeschnittene Lauchzwiebeln
2 mittlere Fleischtomaten, enthäutet und fein geschnitten
1 grüne Chili mit Kernen, fein geschnitten
2 Tassen rote Bohnen
(entspricht einer 400-Gramm-Dose)

2 Eßl. Erdnußbutter
1 Teel. Oregano
Salz nach Geschmack

Zubereitung:
Das Hammelfleisch im Wasser 60 Minuten garen. Anschließend das Fleisch würfeln. Das Gemüse in der Erdnußbutter andünsten, mit der Bouillon auffüllen und 10 Minuten köcheln lassen. Die roten Bohnen aus der Büchse und das Fleisch in die Suppe geben, mit den Gewürzen abschmecken und gut durchziehen lassen.

INDIANISCHE BOHNENSUPPE

Die Suppe ist für 3 Personen
als Vorgericht berechnet.
Vorbereitungszeit: 20 Min.
Zubereitungszeit: 60 Min.
(die Zeit verkürzt sich um
30 Minuten, wenn ein Drucktopf verwendet wird)
Zutaten:
2 Tassen Wasser
1 Tasse getrocknete weiße
Bohnen
1 Tasse gewürfelte Kartoffeln
1 Tasse gewürfelte Fleischtomaten, enthäutet
1 Tasse gewürfelte grüne
Paprika ohne Kerne
1 Tasse fein geschnittene
Zwiebeln
3 Eßl. Oel
1 Eßl. grüner Pfeffer, im Mörser
fein zerdrückt
1 Eßl. Salbei
1 zerdrückte Knoblauchzehe
1 Tasse süße Sahne
Salz nach Geschmack

Zubereitung:
Die weißen Bohnen am Vortag
mit warmem Salzwasser übergießen und über Nacht einweichen. Am nächsten Tag die
Bohnen im Einweichwasser
garen (ca. 40 Min.). In einem
großen Topf Kartoffeln, Tomaten, Paprika und Zwiebeln in
Oel andünsten, bis die Zwiebeln hellbraun werden. Die
weißen Bohnen samt Koch-
wasser dazugeben und auf-
kochen lassen. Am Schluß die
Gewürze und die Sahne zufügen und alles gut durchziehen
lassen.

BOHNENSUPPE MIT BEINFLEISCH

Die Suppe ist für 4 Personen berechnet.
Vorbereitungszeit: 15 Min.
Zubereitungszeit: 80 Min.
(die Zeit verkürzt sich um 30 Minuten, wenn ein Drucktopf verwendet wird)
Zutaten:
2 Tassen rote Bohnen
2 Tassen Wasser
500 Gramm Beinfleisch
4 Tassen Wasser
2 mittlere Kartoffeln, gewürfelt
1 große Zwiebel, sehr fein gehackt
1 Teel. Salz
1 Teel. Korianderpulver
1 Teel. grüner Pfeffer, im Mörser zerdrückt
1 zerdrückte Knoblauchzehe

Zubereitung:
Die roten Bohnen über Nacht in den 2 Tassen Wasser einweichen. Am nächsten Tag die Bohnen und das Beinfleisch mit Salz in den 4 Tassen Wasser weichkochen. Das Fleisch herausnehmen und würfeln. Die Kartoffeln mit den übrigen Zutaten in der Bouillon weichkochen. Mit dem Mixstab pürieren, das Fleisch dazugeben, alles gut durchziehen lassen.

HAMMELEINTOPF

Die Suppe ist für 4 Personen berechnet.
Vorbereitungszeit: 25 Min.
Zubereitungszeit: 80 Min.
(die Zeit verkürzt sich um 30 Minuten, wenn ein Drucktopf verwendet wird)
Zutaten:
250 Gramm Hammelfleisch
3 Tassen in feine Streifen geschnittener Kohl
2 gewürfelte rote Beten
1 Eßl. Salz
2 Eßl. Oel
1 große Zwiebel, gewürfelt
1 Fleischtomate, enthäutet und gewürfelt
3 grüne Chilis ohne Kerne, in Ringe geschnitten
1 Tasse harte Brotwürfel
3 Eßl. Sonnenblumenkerne, im Mixer grob gehackt
1 Tasse gekrümelter Schafskäse
5 Tassen Wasser

Zubereitung:
Das Fleisch waschen, den Kohl überbrühen, Wasser abgießen.
Fleisch, Kohl, rote Beten und Salz in Oel andünsten, mit dem Wasser auffüllen und weichkochen. Das Fleisch herausnehmen und in Würfel schneiden. In der Bouillon die Zwiebel, Tomate, Chilis aufkochen lassen, das Fleisch wieder zugeben, Brotwürfel und Sonnenblumenkerne unterheben und durchziehen lassen. Vor dem Servieren den Schafskäse darüberstreuen.

24

BOHNENCREMESUPPE

Die Suppe ist für 3-4 Personen berechnet.

Vorbereitungszeit: 10 Min.

Zubereitungszeit: 15 Min.

Zutaten:

2 Dosen rote Bohnen (die Dose mit 400 Gramm Inhalt)

2 fein zerdrückte Knoblauchzehen

3 fein gehackte Schalotten

1 Teel. Salbei

2 Teel. Paprikapulver

1 Tasse Pinienkerne, gemahlen

1 Becher saure Sahne

Zubereitung:

Die Bohnen mit der Flüssigkeit erhitzen, die übrigen Zutaten dazugeben und aufkochen lassen. Zum Schluß die saure Sahne unterziehen. Heiß servieren.

Anmerkung:

Man kann die Suppe auch kalt servieren, dann sollte sie jedoch durchpüriert und mit Petersilie bestreut werden.

MAISSUPPE

Die Suppe ist für 3-4 Personen berechnet.
Vorbereitungszeit: 15 Min.
Zubereitungszeit: 80 Min.
(die Zeit verkürzt sich um
30 Minuten, wenn ein Drucktopf verwendet wird)
Zutaten:
500 Gramm mageres
Hammelfleisch
1 l Wasser
1 Büchse Gemüsemais, abge-
tropft
2 fein geschnittene Lauchzwiebeln
1 gewürfelte Paprika ohne
Kerne
1 gewürfelte Zucchini
1 große Kartoffel, geschält und
gewürfelt

4 Stengel frische oder 2 Teel.
getrocknete Minze
1 Teel. Paprikapulver
Salz nach Geschmack

Zubereitung:
Hammelfleisch im Wasser
garen. Die letzten 10 Minuten
die Gemüse und die Minze
dazugeben und köcheln
lassen. Das Fleisch herausnehmen, würfeln und wieder in
die Suppe geben. Ggf. die
Minze auch kleinschneiden.
Mit den Gewürzen ab-
schmecken und durchziehen
lassen.
Anmerkung:
Man kann die Suppe reich-
haltiger machen, indem man
Klößchen (s.S. 109, 110) dazu-
gibt.

ERDNUSS-SAHNE-SUPPE

Die Suppe ist als Vorgericht für 4 Personen berechnet.

Vorbereitungszeit: 15 Min.
Zubereitungszeit: 15 Min.
Zutaten:
2 Tassen ungesalzene Erdnüsse, im Mixer zerkleinert
1 Tasse gesalzene Erdnüsse, ganz lassen
½ Tasse in Ringe geschnittene Lauchzwiebeln
½ Teel. Koriander, im Mörser zerstroßen
1 - 2 Stengel frische oder
2 Teel. getrocknete Minze
¼ Teel. Chilipulver
½ Tasse saure Sahne
4 - 5 Tassen Hühnerbrühe (evtl. Würfel auflösen)

Zubereitung:
Alle Zutaten, außer der sauren Sahne und den gesalzenen ganzen Erdnüssen, in einem Topf 10 Minuten köcheln lassen, die Sahne und die Tasse ganzer Erdnüsse zufügen und heiß oder kalt servieren.

Indianerin beim Maismehlschroten mit Metate und Mano

SALATREZEPTE

KÜRBISSALAT

Die Menge ist für 4 Personen berechnet.

Vorbereitungszeit: 15 Min.

Zubereitungszeit: 10 Min.

Zutaten:

3 Tassen gewürfelter Kürbis (evtl. eine Konserve)

2 grüne Chilis ohne Kerne, gewürfelt

2 Fleischtomaten, enthäutet und gewürfelt

1 Salatgurke, geschält und gewürfelt

½ Tasse Pinienkerne

3 Eßl. Oel

3 Eßl. Weinessig

Salz und Pfeffer nach Geschmack

Petersilie zum Überstreuen des Salates.

Zubereitung:

In einer großen Schüssel alle Zutaten vermengen und durchziehen lassen. Vor dem Servieren mit der Petersilie überstreuen.

KOHLSALAT

Die Menge ist für 4 Personen berechnet.
Vorbereitungszeit: 25 Min.
Zubereitungszeit: 40 Min.
(die Zeit verkürzt sich um 15 Minuten, wenn ein Drucktopf verwendet wird)
Zutaten:
4 Tassen fein geschnittener Weißkohl, überbrüht
2 Tassen grob geschnittene Karotten
1 mittlere Fleischtomate, enthäutet und gewürfelt
1 Tasse grob geschnittene Lauchzwiebeln
1 Teel. Salz
1 Teel. Salbei
1 zerdrückte Knoblauchzehe
1 Teel. Paprikapulver
2 Eßl. milder Weinessig

2 Eßl. Zucker
3 Eßl. Oel
1 Bund Petersilie zum Überstreuen des Salates

Zubereitung:
Kohl und Karotten 25 Minuten in Wasser garen. Die übrigen Zutaten dazugeben und weitere 10 Minuten köcheln lassen. Eine Nacht durchkühlen lassen. Vor dem Servieren mit Petersilie überstreuen.
Anmerkung:
Schmeckt gut zu geschmortem Fleisch!

ENDIVIENSALAT

Die Menge ist für
5 - 6 Personen berechnet.
Vorbereitungszeit: 20 Min.
Zubereitungszeit: 10 Min.
Zutaten:
1 Endivienkopf
1 große Fleischtomate, enthäutet und gewürfelt
1 Salatgurke, geschält und gewürfelt
1 Bund Radieschen, gewürfelt
1 Bund Schnittlauch, fein gehackt
1 Bund Sauerampfer, mit der Schere fein geschnitten
4 Eßl. Oel
Salz und Pfeffer nach Geschmack
Saft einer Zitrone

Zubereitung:
Den Endivienkopf entblättern, den Salatansatz abschneiden, Blätter waschen und fein schneiden. Alle Zutaten in einer großen Schüssel zu einem Salat anrichten und gut durchziehen lassen.

TOMATENSALAT

Die Menge ist für 4 Personen berechnet.
Vorbereitungszeit: 25 Min.
Zubereitungszeit: 10 Min.
Zutaten:
4 Fleischtomaten, enthäutet und in Scheiben geschnitten
5 grüne Chilis ohne Kerne, in Ringe geschnitten
1 große Zwiebel, in Ringe geschnitten
2 Eßl. Oel
1 Eßl. Weinessig
1 Teel. Salz
½ Teel. Oregano
1 fein zerdrückte Knoblauch-zehe
½ Tasse Erdnußkerne,

Zubereitung:
Alle Zutaten in einer großen Schüssel anrichten, gut vermengen und 1 - 2 Stunden durchziehen lassen.

COCHITI-BOHNENSALAT

Die Menge ist für 4 Personen berechnet.
Vorbereitungszeit: 15 Min.
Zubereitungszeit: 10 Min.
Zutaten:
2 Tassen rote Bohnen aus der Dose (entspricht der Einwaage von 400 Gramm)
2 Tassen frische grüne Bohnen, gekocht, fein geschnitten (evtl. 1 Packung tiefgefrorene Bohnen)
2 Schalotten, gewürfelt
1 grüne Paprika ohne Kerne, gewürfelt
½ Tasse Sonnenblumenkerne
½ Tasse Oel
½ Tasse Weinessig
2 Teel. Salz

1 Teel. schwarzer Pfeffer
4 Eßl. Zucker
1 Bund Schnittlauch, fein gehackt

Zubereitung:
Die Zutaten in einer großen Schüssel gut vermengen und über Nacht durchziehen lassen.

ACKERBAU IM TAL DES RIO GRANDE

Maisanbau. Abb. aus der Zeit der spanischen Eroberung

Vor dem Eintreffen der Europäer bildeten Ackerbau und Jagd die wichtigsten Aktivitäten zur Nahrungsbeschaffung. Mit der Ankunft der Spanier und der Einführung von Zugtieren, neuen Pflanzen und neuen Arbeitstechniken konnte der Ackerbau jedoch intensiver betrieben werden, so daß der Anteil der Jagd an der Nahrungsversorgung immer mehr zurückging. Mit zunehmender Kolonisierung und der Besiedlung des Pueblo-Gebietes durch die Euroamerikaner sank die Jagd schließlich zur Bedeutungslosigkeit herab. Das Sammeln wild wachsender Pflanzen geschah in erster Linie zu medizinischen Zwecken. Zu bestimmten Jahreszeiten hatte der Fischfang eine größere Bedeutung.

Die Viehhaltung spielte für die Nahrungsversorgung keine große Rolle. Pferde, Ochsen und Esel wurden in erster Linie als Zug- und Lasttiere verwendet. Lediglich Schafe und Ziegen wurden wegen ihrer Wolle und zur Milchgewinnung gehalten.

Die Bearbeitung des Bodens und das Pflanzen von Mais, Bohnen und Kürbissen wurde ursprünglich mit einfachen Holzgeräten durchgeführt: dem Grabestock und der Hacke. Die wichtigste von den Spaniern eingeführte Nahrungspflanze war der Weizen, der schon bald neben dem Mais zum Grundnahrungsmittel wurde. Aus Europa eingeführte Wassermelonen fanden so schnell Eingang in die Landwirtschaft der Pueblos, daß sie von den Indianern als eines ihrer ursprünglichen agrarischen Produkte angesehen wurden. Andere von den Europäern mitgebrachte Anbaupflanzen wie Chilis, Zwiebeln, Pfirsiche, Aprikosen und Äpfel sind ebenfalls aus der Landwirtschaft der Pueblos nicht mehr wegzudenken.

Die von den Spaniern benutzten neuen Werkzeuge und Zugtiere veränderten die Anbaumethoden erheblich. Die Hacke aus Metall, der Rechen, die Heugabel, die Schaufel und schließlich der Pflug erlaubten es, die kultivierten Flächen auszudehnen und das Bewässerungssystem zu vergrößern. Wagen und Tragtiere erweiterten die Transportmöglichkeiten.

Der Ackerbau war ausschließlich eine Sache der Männer. Lediglich beim Pflanzen und bei der Ernte halfen Frauen gelegentlich mit.

Ende Januar oder Anfang Februar wurden in den Pueblo-Dörfern verschiedene Rituale durchgeführt, durch die die religiöse Verantwortung innerhalb eines Dorfes von den „Winterleuten" auf die „Sommerleute" übertragen wurde. Diese Rituale dienten nicht nur der Fruchtbarkeit, sondern markierten gleichzeitig den Beginn eines neuen agrarischen Zyklus'.

Die Aussaat fand im April oder Mai statt, und der Monat Mai wurde als der „Monat des Maispflanzens" bezeichnet. Der genaue Termin wurde vom Dorfoberhaupt festgelegt, und niemand durfte vor dieser Zeit mit dem Pflanzen beginnen. Heute werden diese speziellen Rituale nicht mehr durchgeführt, und jeder Indianer beginnt mit der Aussaat, wann er es für richtig hält.

Auch für das Einbringen der Ernte gab es ursprünglich strenge Vorschriften. Der Tag des Erntebeginns wurde vom Dorfoberhaupt bestimmt, ein Nichtbeachten seiner Anordnungen zog strenge Strafen nach sich. Heute sind diese Erntevorschriften verschwunden, und jeder Indianer kann auch den Zeitpunkt der Ernte selbst bestimmen.

Die Ernte war nicht nur durch Dürre, sondern auch durch zahlreiche Schädlinge bedroht. Gegen Würmer und Insekten, vor allem Heuschrecken, ließ sich nicht viel ausrichten. Vögel und Nagetiere versuchte man durch das Aufstellen von Vogelscheuchen und das Auslegen von Schlingen zu vertreiben bzw. unschädlich zu machen. Auch Feldwächter, bewaffnet mit Pfeil und Bogen oder Gewehr, wurden zur Vertreibung der Schädlinge eingesetzt.

GEMÜSEGERICHTE

BOHNEN, MAIS UND KÜRBIS

Bohnen wurden nicht nur als Nahrungsmittel, sondern auch wegen ihres Wertes als Handelsware für die Spanier und Amerikaner angebaut. Die Pueblos kannten verschiedene Sorten, die beliebteste war die „Tewa-Bohne" von gelblich-weißer Farbe.

Bei der Bohnenernte wurden die ganzen Pflanzen aus der Erde gerissen, die man mehrere Tage zum Trocknen liegenließ. Dann trieb man Vieh, Pferde oder Schafe über die Pflanzen, um dadurch die Bohnen aus den Schoten zu entfernen. Nach dem Trocknen wurden die Bohnen in Säcken oder Töpfen auf dem Dach oder im Haus aufbewahrt.

Mais war nicht nur in wirtschaftlicher, sondern auch in religiöser Hinsicht die bedeutendste Anbaupflanze der Pueblo-Indianer. Man unterschied sechs Hauptsorten nach ihrer Farbgebung, der jeweils eine Himmelsrichtung und eine der Farbe entsprechende Maisjungfrau (z.B. „Blue Corn Maiden") zugeordnet war: blau = Norden, gelb = Westen, rot = Süden, weiß = Osten, bunt = Zenith (höchster Sonnenstand), schwarz = Nadir (tiefster Sonnenstand).

Die Pueblo-Indianer bauen noch heute mehr als ein Dutzend in ihrer Färbung und Kolbengröße sehr unterschiedlicher Maissorten an. Die Zahl der Körnerreihen variiert dabei zwischen 10 und 18.

Verwandte und Freunde arbeiteten bei der Maisernte zusammen, und zwar auf gegenseitiger Basis. Die frisch geernteten Maiskolben wurden von den Frauen enthülst und zum Trocknen ausgelegt. Nach dem Trocknen wurden die Kerne vom Kolben entfernt und in Vorratsbehältern aufbewahrt.

Kürbisse waren wegen ihrer Anfälligkeit für Krankheiten und Insekten schwierig anzubauen. Die von den Pueblos gezüchtete Sorte war birnenförmig und grün mit weißen Streifen. Die Länge betrug bis zu 60 cm. Kürbisse wurden entweder ganz aufbewahrt oder in Streifen geschnitten und getrocknet.

ROTE-BOHNEN-GEMÜSE

Die Menge ist für 4 Personen berechnet.

Vorbereitungszeit: 15 Min.

Zubereitungszeit: 45 Min. (die Zeit verkürzt sich um 15 Minuten, wenn ein Drucktopf verwendet wird)

Zutaten:

2 Tassen rote Bohnen
2 Tassen Wasser
4 Scheiben geräucherter Bauchspeck, gewürfelt
1 große Zwiebel, gewürfelt
1 Teel. Salbei
1 Teel. Salz

Zubereitung:

Die Bohnen über Nacht in 2 Tassen Wasser einweichen. Dann die Bohnen im Einweichwasser garen. Bauchspeck und Zwiebel glasig dünsten. Bohnenwasser abschütten, die weichen Bohnen unter den Bauchspeck heben. Mit Salz und Salbei abschmecken, heiß servieren!

Anmerkung:

Empfehlung für die deutsche Zunge: Kasseler dazu reichen!

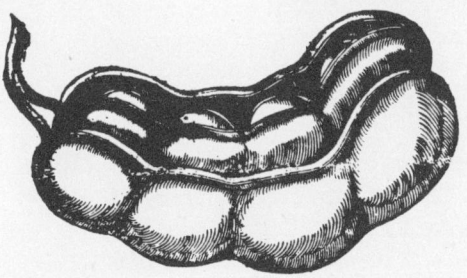

GEMÜSEAUFLAUF

Die Menge ist für
3 - 4 Personen berechnet.
Vorbereitungszeit: 20 Min.
Zubereitungszeit: 45 Min.
Zutaten:
2 mittlere Zwiebeln, gewürfelt
2 Eßl. Margarine
2 große Zucchini, in Scheiben
geschnitten
1 rote Paprika ohne Kerne, in
Streifen geschnitten
1 Tasse Gemüsemais
2 mittlere Fleischtomaten,
enthäutet und in Scheiben geschnitten
3 Eßl. Pinienkerne
1 Teel. Chilipulver
1 Teel. Oregano
¼ Teel. Kümmel
2 Eßl. Butter, als Flöckchen
½ Tasse zerkrümelter Schafskäse

Zubereitung:
Die Zwiebeln in der Margarine
glasig dünsten. Alles Gemüse,
auch die angedünsteten Zwiebeln, in eine gefettete Auflaufform schichten. Die Gewürze
dazwischen verteilen.
Ofen auf 200 Grad vorheizen.
Butterflöckchen aufsetzen und
den Schafskäse darüber verteilen.
35 Minuten bei 200 Grad
backen.

INDIANISCHES MAISGEMÜSE

Die Menge ist für 3 Personen
berechnet.
Vorbereitungszeit: 15 Min.
Zubereitungszeit: 20 Min.
Zutaten:
1 Zucchini, geschält, in
Scheiben geschnitten
1 grüne Chili ohne Kerne, in
Scheiben geschnitten
3 Eßl. Butter
½ Tasse Bouillon (evtl. Würfel
 auflösen)
2 Tassen Mais (entspricht der
Dose mit 285 Gramm)
2 Eßl. Sonnenblumenkerne,
im Mixer zerkleinert
2 Eßl. Erdnüsse, im Mixer
zerkleinert
1 Eßl. Maismehl
½ Teel. Salbei
½ Teel. Salz
3 Eßl. zerlassene Butter

Zubereitung:
Zucchini und Chili in der
Butter andünsten. Bouillon
dazugeben und 5 Minuten
garen lassen. Mais, Sonnenblumenkerne und Erdnüsse
unterheben. Mit Maismehl
binden. Das Gemüse soll aber
noch Flüssigkeit haben. Mit
Salz und Salbei abschmecken.
In einer Gemüseschüssel anrichten, und mit der heißen zer-
lassenen Butter übergießen.

MAISGEMÜSE DER PUEBLOS

Die Menge ist für 2 Personen berechnet.
Vorbereitungszeit: 10 Min.
Zubereitungszeit: 15 Min.
Zutaten:
2 Eßl. Oel
1 mittlere Zwiebel, fein gehackt
2 Tassen Gemüsemais
(entspricht der Dose mit
285 Gramm)
1 Knoblauchzehe, fein zerdrückt
1 Eßl. Sonnenblumenkerne
½ Teel. Salz
1 Tasse Chilisauce

Zubereitung:
In einem mittleren Topf die Zwiebel im Oel glasig dünsten. Den gut abgetropften Mais dazugeben, dann den Knoblauch, Sonnenblumenkerne und das Salz unterheben und aufkochen lassen. Zum Schluß mit der Chilisauce über-gießen.

AUFLAUF AUS NEW MEXICO

Die Menge ist für 3 Personen berechnet.
Vorbereitungszeit: 20 Min.
Zubereitungszeit: 40 Min.
Zutaten:
1 grüne Gurke ohne Schale, gewürfelt
1 große Zwiebel, gewürfelt
2 mittlere Fleischtomaten, enthäutet und gewürfelt
2 Scheiben Toastbrot, gewürfelt
1 gekochtes Ei, grob gehackt
½ Tasse Erdnüsse, grob gehackt (Mixer)
1 Teel. grüner Pfeffer, im Mörser zerdrückt
1 Teel. Salz
½ Teel. Senfpulver
1 Tasse Bouillon
Butterflöckchen
Chilisauce

Zubereitung:
Ofen vorheizen (auf 200 Grad). In einer Schüssel alle Zutaten außer den Butterflöckchen vermengen, Auflaufform einfetten, die Masse einschichten und mit den Butterflöckchen besetzen. Im Ofen bei 200 Grad 30 Minuten backen.
Vor dem Servieren mit Chilisauce übersprengen.

GRÜNE-BOHNEN-GEMÜSE

Die Menge ist für 4 Personen berechnet.
Vorbereitungszeit: 20 Min.
Zubereitungszeit: 40 Min.
(die Zeit verkürzt sich um 15 Minuten, wenn ein Drucktopf verwendet wird)
Zutaten:
6 Tassen grob geschnittene frische grüne Bohnen
2 Tassen Wasser
3 Lauchzwiebeln, grob geschnitten
4 Eßl. Margarine
1½ Tassen zerkrümelter Schafskäse
½ Teel. Salz

Zubereitung:
Die Bohnen im Wasser garen. Zwiebeln in der Margarine andünsten. Das Wasser von den Bohnen abgießen, die Bohnen unter die Zwiebeln heben. Mit Salz abschmecken, den Käse darüberstreuen. Heiß servieren!

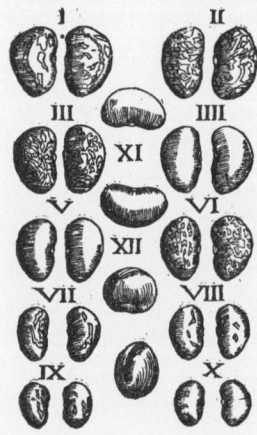

BOHNEN MIT FRÜHLINGSGRÜN

Die Menge ist für 4 Personen berechnet.
Vorbereitungszeit: 15 Min.
Zubereitungszeit: 20 Min.
Zutaten:
500 Gramm Spinat — oder die gleiche Menge Sauerampfer, Löwenzahn oder Brennesseln
3 Eßl. Margarine
3 Lauchzwiebeln, in feine Ringe geschnitten
4 Scheiben durchwachsener Speck, fein gewürfelt
2 Tassen rote Bohnen aus der Dose (entspricht der Einwaage von 400 Gramm)
1 Knoblauchzehe, fein zerdrückt
Salz nach Geschmack

Zubereitung:
Das Frühlingsgrün waschen und grob zerkleinern. Margarine, Lauchzwiebeln und Speck anbräunen. Das gut abgetropfte Frühlingsgrün dazugeben und auf kleiner Flamme ca. 15 Minuten garen. Zum Schluß die Bohnen und die Gewürze unterheben, gut durchziehen lassen.

KAROTTENGEMÜSE MIT ORANGENSAFT

Die Menge ist für
4 - 5 Personen berechnet.
Vorbereitungszeit: 25 Min.
Zubereitungszeit: 30 Min.
(die Zeit verkürzt sich um
10 Minuten, wenn ein Drucktopf verwendet wird)
Zutaten:
1 Kilo weichgekochte Karotten
3 Eßl. Butter
1 Teel. brauner Zucker
Salz nach Geschmack
1 Teel. Estragon
1 Tasse Orangensaft

Zubereitung:
Butter zerlassen, Zucker und
Salz dazugeben, zerlaufen
lassen. Karotten in dicke Scheiben schneiden, in die Butter
geben. Mit Estragon über-
streuen, mit Orangensaft übergießen, aufkochen lassen.

HOPI-KAROTTEN

Die Menge ist für 4 Personen berechnet.
Vorbereitungszeit: 20 Min.
Zubereitungszeit: 40 Min.
(die Zeit verkürzt sich um 15 Minuten, wenn ein Drucktopf verwendet wird)
Zutaten:
12 mittlere Karotten
4 Stengel frische oder 1 Eßl. getrocknete Minze
2 Eßl. Butter
1 Eßl. grüner Pfeffer
Salz nach Geschmack
½ Tasse Schafskäse

Zubereitung:
Die ganzen Karotten mit der Minze in Wasser garen. Die Karotten würfeln, die Minze evtl. zerkleinern. In einem entsprechenden Kochtopf die Butter zerlaufen lassen, die Gewürze und die Karotten zufügen, umrühren, Schafskäse überstreuen. Durchziehen lassen.

GEMÜSETOPF

Die Menge ist für 3 Personen berechnet.

Vorbereitungszeit: 15 Min.

Zubereitungszeit: 20 Min.

Zutaten:

1 große Zwiebel, gewürfelt

3 Eßl. Margarine

5 grüne Chilis ohne Kerne, gewürfelt

2 große Fleischtomaten, enthäutet und gewürfelt

1 Tasse Salatgurke, geschält und gewürfelt

2 Tassen Mais (entspricht der Dose mit 285 Gramm)

3 Eßl. Erdnüsse, fein gemahlen

Salz nach Geschmack

Zubereitung:

Die Zwiebel in der Margarine andünsten. Chilis, Tomaten, Salatgurke dazugeben und 10 Minuten köcheln lassen, dann den Mais unterheben, mit Erdnüssen überstreuen und nochmals aufkochen lassen. Mit Salz abschmecken.

KÜRBISGEMÜSE

Die Menge ist für 3 Personen berechnet.
Vorbereitungszeit: 15 Min.
Zubereitungszeit: 20 Min.
Zutaten:
1 mittlere Zwiebel, gewürfelt
3 Eßl. Margarine
5 Tassen gewürfelter Kürbis
2 grüne Chilis ohne Kerne, gewürfelt
1 Tasse gewürfelte Salatgurke ohne Schale
½ Teel. Salz
1 Tasse Schafskäse

Zubereitung:
Die Zwiebeln in der Margarine glasig dünsten. Die übrigen Zutaten — außer dem Schafskäse — zu den gedünsteten Zwiebeln geben und 15 Minuten köcheln lassen. Das Gemüse mit Schafskäse überstreuen, durchziehen lassen.

sehr nichtssn + dröge

KÜRBISAUFLAUF

Die Menge ist für 3 Personen berechnet.
Vorbereitungszeit: 15 Min.
Zubereitungszeit: 45 Min.
Zutaten:
3 Tassen gewürfelter Kürbis
3 Tassen gewürfelte Zucchini
2 Scheiben trockenes Weiß-brot, zerkrümelt
1 zerdrückte Knoblauchzehe
½ Teel. Salz
½ Teel. Chilipulver
2 Eßl. Erdnußbutter
½ Tasse geriebener Käse (Emmentaler)

Zubereitung:
Kürbis, Zucchini, Weißbrot und die Gewürze vermischen.
Ofen vorheizen (auf 180 Grad).
Die Auflaufform mit einem Teil der Erdnußbutter ein-fetten, das Gemüsegemisch in die Form schichten, die rest-liche Erdnußbutter als Flöck-chen aufsetzen, mit Käse über-streuen.
Bei 180 Grad 45 Minuten backen.

DIE JAGD

Die Jagd spielte in der ursprünglichen Ökonomie der Pueblos eine recht bedeutende Rolle, wurde in historischer Zeit durch die Einführung europäischer Anbaumethoden jedoch immer mehr verdrängt. Die wichtigsten Jagdtiere waren Hirsche, Bisons, Antilopen und Hasen. Diese lieferten nicht nur den überwiegenden Teil der Fleischnahrung, sondern auch die Häute für Kleidung und andere Zwecke. Eine geringere Rolle bei der Jagd spielten Bären, Bergschafe, Pumas, Wildkatzen, Nagetiere und einzelne Vogelarten.

Die Besiedlung des Pueblo-Gebietes durch Spanier und Angloamerikaner und die Verwendung moderner Feuerwaffen führte zu einer fast vollständigen Ausrottung von Bisons und Antilopen und reduzierte die Anzahl anderer Jagdtiere auf ein Minimum. Die Einführung der Viehhaltung schließlich machte die Jagd als Nahrungsquelle immer überflüssiger.

Während die Jagd somit in wirtschaftlicher Hinsicht zur Bedeutungslosigkeit herabsank, nimmt sie im religiösen Leben der Pueblos immer noch einen wichtigen Platz ein. Jagdrituale sind nach wie vor ein untrennbares Attribut des Kachina-Kultes.

Die Verbindung von Jagd und Ritual war der wichtigste Grund dafür, daß die verschiedenen Techniken und Verhaltensweisen, die bei der Jagd eine Rolle spielten, auch weiterhin am Leben erhalten blieben.

Bei der den Kachina-Tänzen vorausgehenden zeremoniellen Jagd waren alle Männer der betreffenden Dorfhälfte, die das Ritual durchführte, beteiligt. In diesem Falle wurde das Wild durch Einkreisen gestellt. Ansonsten bestand eine Jagdgruppe aus zwei bis vier miteinander verwandten Männern aus dem gleichen Haushalt, die das Wild mit Hilfe von Hunden aufspürten und erlegten.

Das Jagen war meist von bestimmten vorgeschriebenen Verhaltensweisen und rituellen Opfergaben begleitet. Von einem Jäger wurde zumindest erwartet, daß er vor dem Aufbruch zur Jagd badete und daß er beim Entfernen der Eingeweide bestimmte rituelle Vorschriften beachtete. Je größer und gefährlicher das Jagdtier war, um so umfangreicher waren die zu berücksichtigenden Verhaltensvorschriften. Daher waren die vorbereitenden Rituale für die Bärenjagd am umfangreichsten.

Bei den Pueblo-Indianern war die Vorstellung verbreitet, daß die Tiere selbst den Erfolg oder Fehlschlag einer Jagd bestimmten. Deshalb stellte jede Abweichung von den vorgeschriebenen Verhaltensweisen den Jagderfolg in Frage, d.h. das Wild erlaubte nicht, daß es getötet werde. Damit ging die Vorstellung einher, daß das erlegte Wild nicht starb, sondern „wiedergeboren" wurde, um dadurch den Kreislauf der Natur aufrechtzuerhalten und die ständige Versorgung der Indianer mit Nahrung zu gewährleisten.

Während der Zeit der Wintersonnwende bestand für alle Jagdtiere eine „Schonzeit", in der das Jagen verboten war. Man glaubte sogar, daß die Waffen in dieser Zeit unbrauchbar seien.

In den meisten Pueblo-Dörfern existierten Jagdgesellschaften (als Teil eines ganzen Komplexes von Kultgenossenschaften) mit einem Priester als Oberhaupt, die die Jagdrituale überwachten. Der einzelne Jäger suchte vor einer Jagd Unterstützung bei dieser Zeremonien-Organisation in dem Bewußtsein, daß diese die notwendigen Rituale durchführen wird, die ihm den Jagderfolg garantieren.

Heute wird die Jagd bei den Pueblo-Indianern in erster Linie als Sport ausgeübt, und ein erfolgreicher Jäger kann damit sein individuelles Prestige in seiner Gemeinschaft erhöhen.

Vögel wie Enten, Gänse, Moorhühner, Wachteln und wilde Truthühner wurden nicht nur ihres Fleisches wegen, sondern auch zur Gewinnung von Federn gejagt. Adler hingegen wurden ausschließlich ihrer Federn wegen gejagt oder gefangen. Die Federn fanden vor allem bei den zahlreichen Tanzkostümen der Indianer Verwendung, z.B. beim Adlertanz.

Die Pueblo-Indianer am Rio Grande betrieben in früheren Zeiten auch Fischfang. Der Rio Grande und seine Nebenflüsse beherbergten zahlreiche Fischarten, darunter Karpfen, Wels und Aal. In den Gebirgsbächen gab es verschiedene Forellenarten. Die Fische wurden geangelt oder mit Pfeilen erlegt, größere Mengen in Gemeinschaftsaktion mit dem Netz gefangen. Wenn ein Überschuß vorhanden war, wurden die im Ofen gebackenen Fische getrocknet und waren so längere Zeit haltbar.

Heute hat das Fischen für die Pueblo-Indianer nur noch sportlichen, keinen ökonomischen Charakter mehr.

FLEISCHGERICHTE

MAISPASTETE

Die Pastete ist für 5 Personen berechnet.
Vorbereitungszeit: 45 Min.
Zubereitungszeit: 60 Min.
Zutaten für den Teig:
1 Tasse Maisgries
1 Tasse Maismehl
1 Ei
1/2 Teel. Salz
3 Tassen Wasser
1 Tasse Weizenmehl
1/2 Päckchen Backpulver

Zutaten für die Füllung:
2 Eßl. Oel
1 große Zwiebel, gewürfelt
1 Tasse Mais aus der Dose
3 Tassen gewürfelte Zucchini
2 Fleischtomaten, enthäutet und gewürfelt
2 Tassen gewürfeltes Rindfleisch, gekocht
1 Teel. grüner Pfeffer
1/2 Teel. Chilipulver
1 Teel. Salz
1 Knoblauchzehe, fein zerdrückt
1/2 Tasse Pinienkerne, feingemahlen (Mixer)
1/2 Tasse zerkrümelter Schafskäse

Zubereitung des Teiges:

Wasser mit Salz zum Kochen
bringen, Maismehl und Maisgries einlaufen lassen und gut
durchschlagen.
Abkühlen lassen.
Weizenmehl mit Backpulver
vermischen und das ganze unter den Maisbrei mischen.
Ebenso das Ei. Gut durchkneten. Dreiviertel der
Masse in eine gefettete Auflaufform drücken, den Rand hoch-
ziehen.

Herstellen der Füllung:

Zwiebel in Oel anbräunen, alle
übrigen Zutaten – außer den
Pinienkernen – hinzufügen
und kurz schmoren lassen.
Pinienkerne darüberstreuen,
umrühren.

Fertigstellung der Pastete:

Die Füllung in die mit Teig
ausgelegte Auflaufform geben,
Schafskäse darüberstreuen,
den ausgewellten restlichen
Teig auflegen. Mit Wasser
überpinseln.
Den Ofen auf 200 Grad vorheizen und 45 Min. backen.

FLEISCH MIT GRÜNEM CHILI

Das Gericht ist für 6 Personen berechnet.

Vorbereitungszeit: 40 Min.
Zubereitungszeit: 1½ Std. (die Zeit verkürzt sich um 30 Minuten, wenn ein Drucktopf verwendet wird)

Zutaten:
500 Gramm Rindfleisch, in Streifen geschnitten
4 Eßl. Oel
2 große Zwiebeln, in Ringe geschnitten
2 Tassen Wasser oder Bouillon
6 grüne Chilis, in Ringe geschnitten
2 Zucchini, in Scheiben geschnitten
4 mittlere Tomaten, enthäutet in Scheiben geschnitten
2 Tassen Mais (entspricht der Dose mit 285 Gramm)
2 Eßl. Pinienkerne
Salz nach Geschmack
1 Stengel Salbei oder ½ Teel. Salbeipulver

Zubereitung:
Das Rindfleisch in heißem Oel mit den Zwiebeln bräunen, mit Wasser oder Bouillon auffüllen und 30 Minuten schmoren lassen. (Im Drucktopf entsprechend weniger!) Dann Chilis, Zucchini, Tomaten und Mais unterheben und 15 Minuten köcheln lassen. Pinienkerne, Salz und Salbei dazu, durchziehen lassen.

ZUÑI-SUCCOTASH

Das Gericht ist für 4 Personen berechnet.

Vorbereitungszeit: 20 Min.

Zubereitungszeit: 45 Min.

Zutaten:

2 Tassen gewürfeltes mageres Fleisch

2 Eßl. Margarine

3 Tassen geschnittene frische Stangenbohnen, ca. 2 cm lange Stücke, oder 1 Paket tiefgefrorene Brechbohnen

2 Tassen Mais (entspricht der Dose mit 285 Gramm)

2 Eßl. Erdnüsse, im Mixer zerkleinert

1 zerdrückte Knoblauchzehe

Pfeffer und Salz nach Geschmack

Zubereitung:

Das Fleisch in der Margarine anbräunen, mit etwas Wasser auffüllen und die Bohnen dazugeben. 30 Minuten kochen lassen. Den Mais dazu und wieder aufkochen lassen. Mit den Gewürzen abschmecken und gut durchziehen lassen.

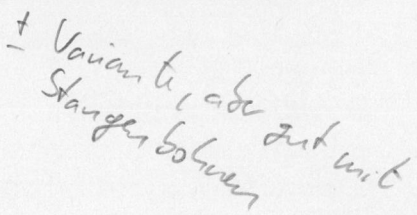

Variante, aber gut mit Stangenbohnen

GEHACKTES

Das Gericht ist für 4 Personen berechnet.

Vorbereitungszeit: 20 Min.
Zubereitungszeit: 25 Min.
Zutaten:
500 Gramm Gehacktes
3 Eßl. Margarine
1 große Zwiebel, feingehackt
1 Tasse Bouillon (evtl. Würfel auflösen)
3 grüne Chilis ohne Kerne, feingehackt
2 Tomaten, enthäutet und gewürfelt
2 Tassen Mais (entspricht der Dose mit 285 Gramm)
1 Teel. Oregano
1 Teel. Salz
1 Teel. Salbeipulver

Zubereitung:
Das Gehackte in Margarine mit der Zwiebel anbräunen, Bouillon auffüllen, aufkochen lassen. Chilis, Tomaten und Mais zufügen und 10 Minuten durchkochen lassen. Anschließend die übrigen Gewürze dazugeben und alles gut durchziehen lassen.

GESCHMORTE RINDERWÜRFEL

Das Gericht ist für 4 Personen berechnet.

Vorbereitungszeit: 20 Min.
Zubereitungszeit: 1 ½ Std. (die Zeit verkürzt sich um 30 Minuten, wenn ein Drucktopf verwendet wird)

Zutaten:
500 Gramm Rindfleisch, gewürfelt
4 Eßl. Oel
1 Eßl. Mehl
3 Tassen Wasser oder Bouillon
1 grüne Chili mit Kernen, gewürfelt
2 mittlere Karotten, gewürfelt
2 Tassen Mais aus der Dose (entspricht der Dose mit 285 Gramm)
2 Tassen Kürbis, gewürfelt (falls nicht frisch, dann ein Glas mit 330 Gramm Einwaage)
2 Eßl. Pinienkerne
1 Teel. Salz

Zubereitung:
Das Fleisch mit Mehl bestäuben, in dem Oel anbraten, Chili und Karotten zugeben und 1 Stunde sanft schmoren lassen. (Im Drucktopf entsprechend weniger!) Alle übrigen Zutaten dazugeben und nochmals aufkochen lassen.

Anmerkung:
Soll dieses Gericht als Suppe gereicht werden, dann sollten statt 3 Tassen Wasser oder Bouillon 5 Tassen verwendet werden und der Suppe evtl. Klößchen (s.S. 109, 110) zugefügt werden.

FESTTAGS-SCHWEINEBRATEN

Das Gericht ist für 5 Personen berechnet.
Vorbereitungszeit: 30 Min.
Zubereitungszeit: 1½ Std.
(die Zeit verkürzt sich um
30 Minuten, wenn ein Drucktopf verwendet wird)

Zutaten:
1 Kilo Schweinebraten
1 Teel. süßer Paprika
1 Teel. Cardamom
1 Teel. Salz
1 Teel. Kümmelpulver
4 Eßl. Oel
2 Schalotten, feingehackt
½ Tasse Chilis ohne Kerne,
feingehackt
1 Knoblauchzehe, fein zerdrückt
1 Tasse Tomatenmark
1 Tasse süße Sahne
½ Teel. Chilipulver
½ Tasse feingemahlene
Pinienkerne
1 Tasse Rosinen
2-3 Tassen Wasser oder
Bouillon

Zubereitung:

Die ersten 4 Gewürze vermengen und damit den Braten
intensiv einreiben. Im Oel anbraten, mit Wasser oder Bouillon auffüllen und eine Stunde
schmoren lassen. (Im Drucktopf entsprechend weniger!)
Schalotten und Chilis dazugeben und weitere 10 Minuten
schmoren lassen. Aus den restlichen Zutaten eine Creme herstellen und über den Braten
verteilen, am Schluß die Rosinen zufügen. Das Fleisch in
Scheiben schneiden und in
der Sauce gut durchziehen
lassen.

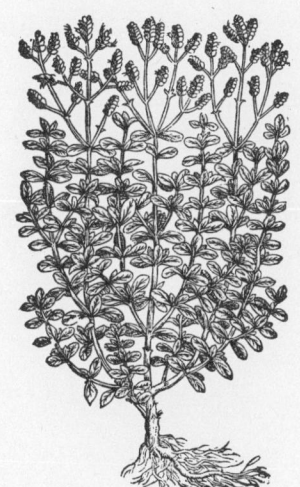

SCHWEINERIPPCHEN

Das Gericht ist für 5 Personen berechnet.
Vorbereitungszeit: 20 Min.
Zubereitungszeit: 1 Std.
(die Zeit verkürzt sich um 30 Minuten, wenn ein Drucktopf verwendet wird)
Zutaten:
1 Kilo Schweinerippchen (ohne Knochen)
1 Teel. Salz
1 Teel. Oregano
2 Knoblauchzehen, fein zerdrückt
3 Eßl. Oel
1 - 2 Tassen Wasser oder Bouillon
1 große Zwiebel, in Ringe geschnitten
1 Tasse in dicke Scheiben geschnittene Karotten
½ Tasse Tomatenmark
½ Tasse süße Sahne
½ Tasse fein gemahlene Sonnenblumenkerne

Zubereitung:
Die Schweinerippchen mit Salz, Oregano und Knoblauch einreiben.
In einem großen Topf im heißen Oel von beiden Seiten gut anbräunen. Wasser oder Bouillon auffüllen und eine knappe Stunde garen lassen. (Im Drucktopf entsprechend weniger!) Zwiebeln und Karotten dazugeben und 10 Minuten mitkochen lassen. Tomatenmark, Sahne und Sonnenblumenkerne verquirlen und über die Rippchen gießen, aufkochen lassen.

RINDFLEISCHSTREIFEN

Die Menge ist für
2 - 3 Personen berechnet.
Vorbereitungszeit: 20 Min.
Zubereitungszeit: 40 Min.
Zutaten:
8 Rindfleischstreifen, ca.
10 x 4 cm groß geschnitten
3 Eßl. Oel
1 große Zwiebel, grob gewürfelt
2 Tassen Wasser oder Bouillon
3 mittlere Kartoffeln, grob gewürfelt
1 Chili ohne Kerne, gewürfelt
1½ Tasse entsteinte Sauerkirschen (evtl. aus dem Glas)
1 Tasse Küchenkräuter (z.B.
Petersilie, Kerbel, Estragon)
1 Knoblauchzehe, fein zerdrückt

1 Stengel Salbei
½ Teel. Salz
¼ Teel. Pfeffer

Zubereitung:
Die Fleischstreifen in heißem
Oel und der Zwiebel anbraten.
Mit Wasser oder Bouillon auffüllen und 20 Minuten garen.
Kartoffeln und Chili zufügen,
weitere 15 Minuten köcheln
lassen. Die Sauerkirschen, die
Kräuter und die Gewürze
unterheben und nochmals
kurz aufkochen lassen.

COCHITI-FLEISCHKLÖSSCHEN

Die Menge ist für 4 Personen berechnet.
Vorbereitungszeit: 30 Min.
Zubereitungszeit: 40 Min.
Zutaten:
400 Gramm Schweinefleisch, gekocht
300 Gramm Rindfleisch, gekocht
2 Eßl. Mehl
1 Ei
2 grüne Paprikaschoten (ohne Kerne), fein gehackt
2 Schalotten, fein gehackt
4 Eßl. Zucker
½ Tasse Rosinen
½ Teel. Salz
½ Teel. Chilipulver
Fett für die Friteuse

Zubereitung:
Das gekochte Schweine- und Rindfleisch durch den Fleischwolf drehen, Mehl und Ei hinzufügen, durchkneten. Die übrigen Zutaten in die Masse geben und wieder gut durchkneten. Fleischklößchen formen, die einen Durchmesser von ca. 5 cm haben. In der heißen Friteuse ausbacken. Die Fleischklößchen sind gut durchgebacken, wenn sie außen braun werden.

HIRSCHSTEAKS

Pro Person sollte man 200 Gramm Hirschsteak rechnen.

Vorbereitungszeit: 15 Min.

Zubereitungszeit: 20 Min.

Zutaten:

200 Gramm Hirschsteak pro Person

2 Eßl. Mehl

½ Teel. Chilipulver

½ Teel. Salz

½ Teel. Knoblauchpulver

2 Eßl. Margarine zum Braten

½ Tasse Sauerkirschen pro Person

1 Eßl. Pinienkerne

Zubereitung:

Panade aus Mehl, Chilipulver, Salz und Knoblauchpulver herstellen und das Steak darin wenden. In der heißen Pfanne mit Margarine auf jeder Seite 3 - 4 Minuten braten. Mit den Sauerkirschen den Sud löschen, mit den Pinienkernen überstreuen.

Anmerkung:

Wilden Reis, Folienkartoffeln oder eine indianische Brotsorte dazu reichen.

HACKFLEISCHRÖLLCHEN

Die Menge ergibt 12 Röllchen
Vorbereitungszeit: 20 Min.
Zubereitungszeit: 25 Min.
Zutaten:
1 Kilo Gehacktes
¾ Tasse Milch
1 Ei
½ Tasse trockenes Maisbrot
(oder Weißbrot)
½ Teel. Salz
½ Teel. Pfeffer
½ Tasse Margarine (zum
Braten)
1 Knoblauchzehe, fein zerdrückt
1 mittlere Zwiebel, fein gewürfelt
2 grüne Paprika, fein gewürfelt
2 Tassen Mais aus der Dose
(entspricht der Dose mit
285 Gramm)

1 kleine Dose Tomatenmark
(ca. 80 Gramm)

Zubereitung:
Gehacktes, Milch, Ei, Brot und
Pfeffer und Salz in einer
Schüssel gut vermengen.
Ca. 12 Fleischröllchen formen
und im heißen Fett von allen
Seiten anbraten
Knoblauch, Zwiebel, Paprika,
Mais und Tomatenmark ver-
mischen und über die Fleisch-
röllchen verteilen, 10 Minuten
mitbraten lassen.
Die Gemüsemasse kann aber
auch kalt und extra zu den
Röllchen serviert werden.

LAMMBRATEN „SANTA CLARA"

Das Gericht ist für 4 Personen berechnet.

Vorbereitungszeit: 25 Min.
Zubereitungszeit: 60 Min.
Zutaten:
800 Gramm mageres Lammfleisch, in Streifen geschnitten
1 Eßl. Mehl
3 Eßl. Margarine
3 Tassen Wasser oder Bouillon
3 Lauchzwiebeln, in dicke Ringe geschnitten
3 rote Paprika ohne Kerne, grob gewürfelt
1 Tasse gewürfelter Sellerie, auch die feinen Blätter
2 Eßl. Wacholderbeeren, im Mörser fein zerstampft
1½ Teel. Salz
2 Teel. Chilipulver
2 Tassen Mais aus der Dose
(entspricht der Dose mit 285 Gramm)

Zubereitung:
Das Fleisch mit Mehl bestäuben und in der Margarine anbraten. Mit Wasser oder Bouillon auffüllen, 35 Minuten garen lassen. Dann Lauchzwiebeln, Paprika, Sellerie und Wacholder dazugeben. Weitere 15 - 20 Minuten köcheln lassen. Öfters umrühren. Zum Schluß den Mais und die Gewürze dazugeben und nochmals aufkochen lassen.

SONNTAGSHÜHNCHEN

Das Gericht ist für 3 Personen berechnet.
Vorbereitungszeit: 15 Min.
Zubereitungszeit: 50 Min.
(die Zeit verkürzt sich, wenn ein Drucktopf verwendet wird)
Zutaten:
½ Tasse gewürfelte Schalotten
2 Eßl. Margarine
4 Tassen gewürfeltes Hühnerfleisch, gekocht und enthäutet
4 Tassen gewürfelte Fleischtomaten, enthäuten
1 Tasse Zucchini, gewürfelt
3 Teel. Chilipulver
1 Teel. Salz
1 Teel. Oregano
1 zerdrückte Knoblauchzehe
2 Eßl. Sonnenblumenkerne, im Mixer grob zerkleinert
2 Tassen Hühnerbrühe

Zubereitung:
Die Schalotten in der Margarine anbräunen. Alle übrigen Zutaten dazugeben und 5 Minuten aufkochen lassen.
Anmerkung:
Wilden Reis oder eine indianische Brotsorte dazu reichen!

Einbringen der Früchte. Abb. aus der Zeit der spanischen Eroberung

FLEISCHROLLE
MIT FRÜHLINGSGRÜN

Die Fleischrolle ist für
5 - 6 Personen berechnet.
Vorbereitungszeit: 25 Min.
Zubereitungszeit: 1½ Std.

Zutaten:
3 - 4 Scheiben geräucherter
Bauchspeck
300 Gramm Spinat (oder die
gleiche Menge Löwenzahn,
Brennesseln oder Sauerampfer)
1½ Tasse frische grüne Bohnen oder tiefgefrorene, in 1 cm
lange Stücke geschnitten
1 Kilo zartes Rindfleisch, vom
Fleischer zu einer großen
Scheibe geschnitten
Pfeffer und Salz nach Ge-
schmack
1 Teel. Chilipulver
½ Teel. Oregano
1 zerdrückte Knoblauchzehe
1 große Zwiebel, gewürfelt
1 Tasse Sonnenblumenkerne,
im Mixer grob gemahlen
4 Eßl. Oel zum Anbraten
heißes Wasser zum Anbraten

Zubereitung:
Den Speck in einer Pfanne anbräunen, beiseitestellen.
Das Frühlingsgrün und die Bohnen in einem Topf andünsten, Flüssigkeit abschütten, beiseitestellen. Das Fleisch auf dem Tisch ausbreiten, pfeffern, salzen, mit Chilipulver bestreuen.

Den Speck, das Frühlingsgrün und die übrigen Zutaten, außer dem Oel, auf dem Fleisch verteilen. Einrollen. Mit einem Zwirnsfaden gut umwickeln. Ofen vorheizen (auf 220 Grad).

Die fertig vorbereitete Rolle in eine Bratpfanne legen, mit dem Oel übergießen, heißes Wasser anschütten und im Bratofen bei 220 Grad ca. 1 Stunde braten, wobei die Fleischrolle öfters gewendet und mit dem Bratsud übergossen werden soll. Die letzten 20 Minuten das evtl. übriggebliebene Frühlingsgrün, das die Fleischrolle nicht mehr aufgenommen hat, um den Braten herumlegen und mitbraten lassen.

FESTTAGS-POULARDE

Die Poularde ist für
3 - 4 Personen berechnet.
Vorbereitungszeit: 20 Min.
Zubereitungszeit: 1½ Std.

Zutaten:
1 Poularde (evtl. tiefgefroren,
dann auftauen und waschen,
mit Krepp abtupfen)
2 mittlere Stangen Lauch, in
Streifen geschnitten
6 mittlere Karotten, in Streifen
geschnitten
1 große grüne Chili, entkernt
und in Streifen geschnitten
1 Teel. Salz
½ Teel. Chilipulver
½ Tasse Margarine
1 Tasse süße Sahne
½ Tasse Sonnenblumenkerne,
fein gemahlen (Mixer)
2 - 3 Tassen heißes Wasser

Zubereitung:

Ofen vorheizen (auf 220 Grad).
Füllung:

Das Gemüse mit Salz und Chilipulver vermischen. Die Poularde mit der Gemüsemasse füllen und mit einem Zahnstocher die Öffnung schließen. Den eventuellen Rest der Füllung beiseitestellen.

Die Poularde mit einem Teil der Margarine bestreichen, mit der Brust nach unten in die Bratpfanne legen, heißes Wasser angießen und ca. 30 Minuten bei 220 Grad im Ofen braten. Evtl. heißes Wasser nachfüllen. Die Poularde wenden, mit der restlichen Füllung umlegen und ca. weitere 30 Minuten fertigbraten. Öfters begießen. Sahne und Sonnenblumenkerne verquirlen, um die Poularde herumgießen und nochmals ca. 10 Minuten mitgaren lassen.

GEBRATENE BABYPUTE

Eine Babypute ist für
ca. 5 Personen berechnet.
Vorbereitungszeit: 30 Min.
Zubereitungszeit: ca. 2 Std.

Zutaten:
1 Babypute
1 Tasse Margarine
350 Gramm Gehacktes
2 Tassen entsteinte Sauerkirschen
1 Tasse Sonnenblumenkerne,
grob zerkleinert (Mixer)
1 Ei
1 Teel. Salz
1 Teel. Pfeffer
1 Teel. Salbeiblätter
½ Teel. Chilipulver

Zubereitung:
Alle Zutaten außer den Sauerkirschen in einer großen Schüssel vermengen, am Schluß die Sauerkirschen dazugeben und nochmals durchmengen.
Ofen vorheizen (auf 220 Grad). Anschließend die gesäuberte Pute mit der Masse füllen. Mit einem Zahnstocher die Öffnung der Pute verschließen. Mit der Margarine einreiben, salzen, in eine Bratpfanne legen, heißes Wasser dazugießen. Die Pute soll zuerst mit der Brust nach unten in die Pfanne gelegt werden. Das restliche Fett in der Bratpfanne verteilen.

Bei 220 Grad 45 Minuten braten, dann die Pute wenden, bei Bedarf heißes Wasser nachfüllen und fertigbraten, bis die Pute schön goldbraun ist. Vor dem Servieren die Füllung herausnehmen und extra servieren. Die Pute in Portionsstücke teilen und vor dem Essen mit dem Bratensaft übergießen.
Anmerkung:
Wilder Reis paßt vorzüglich dazu.

COCHITI-HAMMELKEULE

Das Gericht ist für
4 - 5 Personen berechnet.
Vorbereitungszeit: 45 Min.
Zubereitungszeit: 90 Min.
Zutaten:
1 Kilo Hammelkeule, gut abge-
hangen
2 große Zwiebeln, in Ringe geschnitten
2 Fleischtomaten, enthäutet,
in Scheiben geschnitten
4 große Karotten, in dicke
Scheiben geschnitten
3 Tassen gewürfelter Sellerie,
einschließlich der fein ge-
schnittenen zarten Blätter
3 Tassen gewürfelte Kartoffeln
1 Tasse Oel
2 Teel. Salz
1 Teel. Pfeffer
2 Eßl. Minze, möglichst frisch,
fein zerkleinert

1 zerdrückte Knoblauchzehe
3 - 4 Wacholderbeeren, im
Mörser zerdrückt
Wasser oder Bouillon nach
Bedarf
Zubereitung:
Oel, Salz, Pfeffer, Minze, Knoblauch und Wacholderbeeren
mischen und die Hammel-
keule 2 Tage in diese Marinade legen. Öfters wenden.
Ofen vorheizen (auf 220 Grad).
In der Marinade wird die
Hammelkeule 50 Minuten gebraten, wobei Wasser oder
Bouillon nach Bedarf nachge-
gossen wird. Dann werden die
Gemüse um den Braten angeordnet; evtl. wieder Wasser
oder Bouillon nachfüllen und
weitere 30 Minuten fertigbraten.

SÜSS-SPEISEN

COCHITI-PUDDING

Die Menge ist für 4 Personen berechnet.
Vorbereitungszeit: 15 Min.
Zubereitungszeit: 45 Min.
Zutaten:
5 trockene Scheiben Weißbrot, in etwa 5-Mark-Stück-große Stücke gebrochen
1 Eßl. Butter
2 Tassen Quark
½ Tasse Rosinen
½ Tasse Pinienkerne
2 Päckchen Vanillezucker
½ Teel. Zimt
3 Eßl. Butter
½ Tasse brauner Zucker
2 Tassen Wasser

Zubereitung:
Ofen vorheizen (auf 250 Grad). Das Brot in eine gefettete Auflaufform schichten. Den Quark darüber verteilen. Rosinen, Pinienkerne, Vanillezucker, Zimt darüberstreuen.
Butter und Zucker in einer kleinen Pfanne bräunen und langsam die 2 Tassen Wasser unter ständigem Rühren dazulaufen lassen. Aufkochen. Den entstandenen Sirup über den vorbereiteten Auflauf gießen und 35 Minuten bei 250 Grad backen.

OFENFRISCHER KÜRBIS

Die Menge ist für 4 Personen berechnet.
Vorbereitungszeit: 15 Min.
Zubereitungszeit: 45 Min.
Zutaten:
5 Tassen gewürfelter Kürbis
1 kleine Dose Pfirsich- oder Pflaumenhälften (ohne Saft)
(Wenn die Pfirsiche frisch sind, die Schale durch Überbrühen der Früchte entfernen.)
1 Tasse brauner Zucker
½ Teel. Salz
1 Teel. Zimt
2 Eßl. Pinienkerne

Zubereitung:
Für die Zubereitung ein Backblech mit einem hohen Rand nehmen oder einen Rand aus Alufolie herstellen.
Ofen vorheizen (auf 200 Grad). Die Früchte gleichmäßig auf das Backblech verteilen. Die übrigen Zutaten darüberstreuen, mit Alufolie zudecken und 35 Minuten bei 200 Grad backen.

TAOS-PFIRSICHPUDDING

Die Menge ist für 4 Personen berechnet.
Vorbereitungszeit: 15 Min.
Zubereitungszeit: 60 Min.
Zutaten:
1 Dose Pfirsiche mit Saft (Inhalt 8 große Hälften)
6 Eßl. zerlassene Butter
1 Tasse Weizenmehl
½ Tasse brauner Zucker
½ Päckchen Backpulver
½ Teel. Salz
2 Eßl. gehackte Mandeln
1 Teel. Butter

Zubereitung:
Die Pfirsiche abtropfen lassen, in Streifen schneiden und in eine gebutterte Auflaufform schichten. Mehl, Zucker, Backpulver, Salz und Mandeln vermengen, den Saft der Pfirsiche unterrühren und die heiße zerlassene Butter ebenfalls unterrühren.
Die Sauce über die Pfirsiche gießen und bei 200 Grad 40 Minuten hellbraun backen.

WEIZENKEIMPUDDING

Die Menge ist für 4 Personen berechnet.
Vorbereitungszeit: 20 Min.
Zubereitungszeit: 60 Min.
Zutaten:
4 Tassen kochendes Wasser
2 Tassen Weizenkeime
1 Tasse Mondamin
2 Eßl. Rosinen
½ Teel. Salz
1 Teel. Zimt
1 Eßl. Pinienkerne, grob zerkleinert (Mixer)
1 Tasse brauner Zucker
2 Eßl. Butter
1 Tasse kochendes Wasser

Zubereitung:
4 Tassen Wasser zum Kochen bringen. Weizenkeime mit Mondamin vermengen und in das kochende Wasser einlaufen lassen. Es muß ein dicker Brei entstehen. Rosinen, Salz, Zimt und Pinienkerne unterkneten und den glatten, festen Teig über Nacht ruhen lassen. Ofen vorheizen (auf 180 Grad). Anschließend den Teig in eine gefettete Auflaufform drücken. Butter und Zucker in einer Pfanne anbräunen und das heiße Wasser langsam zulaufen lassen. Mit dem Schneebesen gut durchrühren! Den heißen Sirup über den Teig in der Auflaufform gießen.
Bei 180 Grad 45 Minuten backen.

Anmerkung:
Heiß mit Eiscreme servieren.

ZUÑI-REISPUDDING

Die Menge ist für 4 Personen berechnet.
Vorbereitungszeit: 15 Min.
Zubereitungszeit: 60 Min.
Zutaten:
1 Tasse getrocknete Aprikosen, (entspricht einem Beutel mit 200 Gramm)
2 Eier
1 Kochbeutel Reis, weich gekocht
2 Eßl. brauner Zucker
1 Päckchen Vanillezucker
1 Teel. Zimt
¼ Teel. Salz
2 Eßl. Pinienkerne
½ Tasse Milch

Zubereitung:
Die Aprikosen über Nacht einweichen und in Streifen schneiden. Die Eier trennen und das Eiweiß zu Schnee schlagen. Ofen vorheizen (auf 200 Grad). Außer dem Eiweiß alle Zutaten gut vermischen und den Eischnee am Schluß unterheben. In eine gefettete Auflaufform schichten und bei 200 Grad 45 Minuten backen.

BROTPUDDING

Die Menge ist für
4 - 5 Personen berechnet.
Vorbereitungszeit: 15 Min.
Zubereitungszeit: 60 Min.
Zutaten:
½ Tasse brauner Zucker
1 Tasse heißes Wasser
6 Scheiben Hopi-Brot, falls vorhanden, sonst kann Honig-
kuchen verwendet werden
½ Tasse Rosinen
1 Teel. Zimt
2 Päckchen Vanillezucker
1 Tasse milder zerkrümelter
Schafskäse (evtl. auch
Emmentaler Käse)

Zubereitung:
Zucker in einer kleinen Pfanne
karamelisieren und langsam
das heiße Wasser unter ständi-
gem Rühren dazugeben. Auf-
kochen lassen. Beiseite stellen.
Ofen vorheizen (auf 180 Grad).
Das Brot zerkrümeln und alle
anderen Zutaten mit dem Brot
vermengen. In eine gefettete
Auflaufform füllen. Den heißen
Sirup darübergießen und im
Backofen bei 180 Grad 45 Mi-
nuten backen.
Anmerkung:
Vanillesauce dazu servieren!

DAS ZUBEREITEN DER NAHRUNG

Die Frauen einer Hausgemeinschaft bereiten einmal am Tag das Essen für die ganze Familie zu. Es wird gewöhnlich so viel gekocht, daß es mindestens für einen Tag reicht. Beim Backen in den bienenkorbförmigen Außenöfen wird meist der Vorrat für eine ganze Woche in einem Backgang hergestellt. Diese Außenöfen werden auch Outdoor oven, Beehive oven oder el horno genannt.

Während der langen Zeit der europäischen Kolonisierung des Pueblo-Gebietes mischten sich ursprüngliche Gerichte und Zubereitungsarten mit spanischen und angloamerikanischen Einflüssen, wodurch die Puoblo-Küche heute eine große Vielfalt der unterschiedlichsten Gerichte aufzuweisen hat, wie sie in dieser Rezeptsammlung zum Ausdruck kommt.

Die meisten Körnerfrüchte wurden nach ihrer Verarbeitung gebacken, gekocht oder gebraten, oft in Verbindung mit Fleisch. Wilde Pflanzen oder Gemüse aß man sowohl frisch als auch gekocht.

Fleischgerichte bereitete man in Form von Eintopf oder gebackenen bzw. gebratenen Pasteten zu. Vögel und kleine Säugetiere, gelegentlich auch größere Tiere, wurden am Spieß oder auf dem Rost gebraten.

Das wichtigste Würzmittel ist Salz, das, bevor es als kommerzielles Produkt erhältlich war, oftmals durch Asche ersetzt wurde.

Pflanzliche Würzmittel waren u.a. grüne Kürbisblüten und Chilis, in neuerer Zeit kamen Pfeffer, Zucker, Zimt, Zwiebeln und Knoblauch dazu.

Mais war stets das Grundnahrungsmittel, so daß eine große Variationsbreite von Maisgerichten bestand.

Von den Produkten aus Maismehl war Piki bei den Hopi-Indianern das beliebteste. Zu allen rituellen Anlässen gehörte es dazu.

Piki wurde stets aus blauem Mais zubereitet. Das sehr fein zerriebene und zusätzlich durchgesiebte Maismehl wurde in kochendes Wasser gegeben und so lange gekocht, bis ein dünner Teig entstand. Diesem wurde „Felsasche" zugesetzt, ein Mineral, das wie andere Aschen als Salzersatz diente. Die „Felsasche" bewirkte, daß das Endprodukt eine mehr oder weniger blaue Farbe bekam. Heute wird Piki-Brot mit Kochsalz zubereitet.

Bienenkorbförmiger Außenofen (el horno)

Die Backplatte wurde auf vier Steinen über einer Lage glühender Holzkohle vorgeheizt und dann eingefettet. Mit der Hand wurde auf der Platte eine hauchdünne Schicht Teig verteilt. Die dünnen Teigblätter waren sofort durchgebakken. Sie wurden in der Regel in aufgerollter Form aufbewahrt.

Dickere Maismehlfladen, die Tortillas, wurden auf ähnliche Weise hergestellt und auf zwei Seiten gebacken. Man füllte sie mit frischem oder gedörrtem Obst oder Fleisch und verzehrte sie als Pasteten.

Brei aus Maismehl war ursprünglich ein universales Nahrungsmittel und wurde als Brotersatz betrachtet. Tacos wurden aus Tortillas hergestellt, die mit Fleisch oder Früchten gefüllt und gefaltet in heißem Fett ausgebacken wurden.

Im Gegensatz zum Mais gab es für Bohnen und Kürbisse ursprünglich keine solch zahlreichen Zubereitungsarten. Sie wurden gewöhnlich nur mit Wasser gekocht.

Das Brot aus Weizenmehl hat heute fast vollständig das ursprüngliche Maisbrot ersetzt.

Am Backtag stehen die Frauen früh auf und bereiten den Sauerteig. Während der Teig aufgeht, wird der Ofen angeheizt, was mindestens eine Stunde dauert. Wenn er die richtige Temperatur erreicht hat, entfernt man die Glut, und die Laibe werden mit Hilfe eines hölzernen Schiebers hineingelegt. Wenn das Brot ausgebacken ist, bewahrt man es bis zum Verzehr in Körben, Töpfen oder Kästen auf. Das Festtagsbrot wird von den Frauen zusätzlich mit Ornamenten verziert oder mit Blüten besteckt.

Zu jedem zeremoniellen Tanz gehört die Versorgung der Teilnehmer mit Speisen. Dafür sind die Frauen derjenigen Dorfhälfte oder Gruppe verantwortlich, die den Tanz ausrichtet.

Die Pueblo-Indianer unterscheiden auch heute noch zwischen „indianischer" und „nichtindianischer" Nahrung. Diejenigen, die aktiv an Ritualen teilnehmen, dürfen nur „indianische" oder „zeremonielle" Speisen zu sich nehmen. Diese bestehen aus Wild- und Maisprodukten. Die wichtigsten Speisen für den zeremoniellen Gebrauch sind diejenigen, die aus blauem Mais hergestellt werden. Sämtliche Nahrungsmittel aus Dosen sind strikt verboten. Das gleiche gilt für das Würzen, das bei zeremoniellen Speisen ebenfalls nicht erlaubt ist. Auch Leitungs- oder Brunnenwasser darf nicht getrunken werden, sondern nur Wasser, das speziell für diesen Zweck aus Quellen in den Bergen herangeholt wurde.

Das Fest des jeweiligen Dorfheiligen (z.B. Santa Ana, Santa Clara, San Ildefonso usw.) ist der wichtigste Feiertag in einem Pueblo und der einzige Tag im Jahr, an dem die Dörfer für jedermann offenstehen und alle Besucher willkommen sind. Indianer aus anderen Pueblos kommen von nah und fern und quartieren sich bei Freunden oder Verwandten ein, von denen sie großzügig bewirtet werden. Daher sind die Frauen an den Tagen zuvor in besonderem Maße mit Kochen und Backen beschäftigt, damit keiner der Besucher hungrig bleibt.

Ein Teil der Speisen, vor allem Brot und Früchte, werden dem Dorfheiligen dargebracht und in einer festlich geschmückten Hütte mit dem Bild des Heiligen niedergelegt.

BROT UND SÜSSE BACKWAREN

MANDELPLÄTZCHEN

Die Menge ergibt
ca. 30 - 35 Plätzchen.
Vorbereitungszeit: 20 Min.
Zubereitungszeit: 40 Min.
Zutaten:
1½ Tassen Mondamin
1½ Tassen Weizenmehl
1 Päckchen Backpulver
1 Prise Salz
1 Tasse Pinienkerne
½ Tasse Mandeln, fein gehackt
(Mixer)
1 Tasse brauner Zucker
1 Ei
4 Eßl. zerlassene Butter
Wasser nach Bedarf

Zubereitung:
Die festen Zutaten vermengen,
dann das Ei, die zerlassene
Butter und soviel Wasser zufügen, daß ein fester Teig entsteht. (Es empfiehlt sich, eine
Küchenmaschine zu benutzen!)
Auf bemehltem Tisch noch-
mals mit der Hand gut durcharbeiten. Eine Rolle von ca.
5 cm Durchmesser formen, in
Alufolie einwickeln und über
Nacht im Kühlschrank ruhen
lassen. Zum Ausbacken Ofen
vorheizen (auf 180 Grad).
Backblech einfetten!
1 cm dicke Scheiben von der
Rolle schneiden und bei
180 Grad goldbraun backen.

MAISKÜCHLEIN

Der Teig ergibt ca. 18-20 Küchlein
Vorbereitungszeit: 20 Min.
Zubereitungszeit: 30 Min.
Zutaten:
2½ Tassen Weizenmehl
1 Päckchen Backpulver
½ Teel. Salz
1 Eßl. brauner Zucker
2 Eier
¼ Tasse zerlassene Butter
½ Tasse Buttermilch
1 kleine Büchse Gemüsemais
(entspricht der Einwaage von
285 Gramm)
1 Eßl. Schalotten, fein gehackt

Zubereitung:
Die trockenen Zutaten vermengen, dann die Eier die zerlaufene Butter, Buttermilch, Mais und die Schalotten dazu geben. Gut durcharbeiten. (Es empfiehlt sich, eine Küchenmaschine zu benutzen.)
Ofen vorheizen (auf 200 Grad). Backblech einfetten und eßlöffelweise den Teig abstechen und kleine Häufchen auf das Blech setzen. Ca. 20 Minuten bei 200 Grad goldbraun backen.
Werden die Küchlein heiß gegessen, können sie vorher mit heißer Butter überpinselt werden.

SANTA-CLARA-RÖLLCHEN

Der Teig ergibt ca. 20 Röllchen.
Vorbereitungszeit: 20 Min.
Zubereitungszeit: 30 Min.
Zutaten:
2 Tassen Weizenmehl
4 Eßl. Milchpulver
1 Teel. Salz
2 Eßl. zerlassene Butter
4 Eßl. gemahlene Pinienkerne
warmes Wasser nach Bedarf

Zubereitung:
Die Zutaten in einer Schüssel vermengen und soviel warmes Wasser zufügen, bis ein glatter Teig entsteht. (Es empfiehlt sich, eine Küchenmaschine zu benutzen!) Den Teig in ca. 5 cm lange und ca. 1½ cm dicke Röllchen formen.
In heißem Fett schwimmend oder in der Friteuse knusprig braun ausbacken.
Anmerkung:
Heiß servieren, besonders delikat zu Chili-Gewürzsauce (s.S. 105).

PFEFFERBROT

Die Masse entspricht einem
1½-Pfund-Brot.
Vorbereitungszeit: 25 Min.
Zubereitungszeit: 60 Min.
Zutaten:
2 Tassen Weizenmehl
1½ Tassen Weizenschrot (Type
1700)
2 Päckchen Backpulver
1 Teel. Salz
2 Teel. brauner Zucker
½ Tasse geriebener Käse
(Emmentaler)
3 Eßl. grüner Pfeffer, im Mörser
zerkleinert
3 Eßl. Zwiebeln, fein gehackt
1 Teel. Chilipulver
1½ Tassen Milch
2 Eier
3 Eßl. zerlassene Butter

Zubereitung:
Die trockenen Zutaten, außer
Chilipulver, gut vermengen.
Dann den Käse, den grünen
Pfeffer, die Zwiebeln und das
Chilipulver zufügen, wieder
gut vermischen. Zum Schluß
kommen die Milch, die Eier
und die zerlassene Butter dazu.
Es muß ein fester, glatter Teig
entstehen. (Es empfiehlt sich,
eine Küchenmaschine zu be-
nutzen!)
Ofen vorheizen (auf 250 Grad).
Den Teig in eine gefettete
Kuchenform füllen und bei
250 Grad ca. 40 Minuten
backen.
Anmerkung:
Das Brot schmeckt besonders
gut, wenn es einen Tag alt ist!

GEFÜLLTE HEFEBÄLLCHEN

Der Teig ergibt ca. 20 Bällchen.
Vorbereitungszeit: 20 Min.
Zubereitungszeit: 60 Min.

Zutaten:
1½ Tassen getrocknete Früchte (entspricht 1 - 2 Trockenfruchtbeuteln), z.B. Äpfel, Aprikosen, Pflaumen, Pfirsiche
1 Würfel Hefe
4 Eßl. warmes Wasser
3 Teel. Honig
½ Teel. Salz
1 Tasse Milch
2 Eßl. Oel
3 Tassen Weizenmehl
3 - 4 Eßl. Oel

Zubereitung:
Die Früchte über Nacht einweichen. Zur Verarbeitung entweder ganz lassen oder grob würfeln. Hefe in warmem Wasser auflösen.
In einer großen Schüssel Honig, Salz, Milch und Oel vermischen. Dann das Mehl und die aufgelöste Hefe dazugeben. (Es empfiehlt sich, eine Küchenmaschine zu benutzen!) Gut durcharbeiten, bis ein glatter Teig entsteht, der an einem warmen Ort aufgehen soll. Ofen vorheizen (auf 200°).

Danach den Teig in 20 Teile teilen und mit den gut abgetropften Früchten füllen. Bällchen formen. In eine Springform mit ca. 24 cm Durchmesser 3 - 4 Eßl. Oel oder zerlassene Butter geben, die Bällchen darin wenden und nacheinander einschichten. Bei 200 Grad 40 Minuten goldbraun backen.
Anmerkung:
Man kann die gefüllten Hefebällchen warm servieren mit kalter Vanillesauce dazu.

INDIANISCHES SCHROTBROT

Die Masse ergibt ca. 1½-Pfund-Brot

Vorbereitungszeit: 15 Min.
Zubereitungszeit: 25 Min.
Zutaten:
2 Tassen Weizenschrot (Type 1700)
2 Tassen Weizenmehl
1 Tasse Sonnenblumenkerne, fein gemahlen
2 Päckchen Backpulver
½ Teel. Salz
1 Teel. Chilipulver
3 Eßl. zerlassene Butter
1 - 2 Tassen Milch

Zubereitung:
Die trockenen Zutaten gut vermengen, dann die zerlassene Butter dazugeben und soviel Milch, daß ein fester Brotteig entsteht. (Es empfiehlt sich, eine Küchenmaschine zu benutzen!)
Ofen vorheizen (auf 200 Grad). Einen Brotlaib formen und auf ein gefettetes Kuchenblech setzen. Bei 200 Grad 25 Minuten backen, dann den Ofen auf 170 Grad herunterstellen und weitere 25 Minuten backen.

SCHINKENBROT

Der Teig entspricht etwa einem 1½-Pfund-Brot.
Vorbereitungszeit: 20 Min.
Zubereitungszeit: 20 Min.
Zutaten:
6 große Scheiben Schinkenspeck, fein gewürfelt
2 Teel. Margarine
2 Tassen Weizenmehl
2 Tassen Maismehl
1 Eßl. brauner Zucker
1 Teel. Salz
2 Päckchen Backpulver
2 Eier
1 Tasse Buttermilch

Zubereitung:
Den Schinkenspeck in der Margarine zerlassen, beiseitestellen.
Alle trockenen Zutaten vermengen, Eier, Buttermilch und Schinkenspeck zufügen und einen gut durchgearbeiteten Teig herstellen. (Es empfiehlt sich, eine Küchenmaschine zu benutzen!)
Ofen vorheizen (auf 200 Grad). Den Teig in eine gefettete Kuchenform schichten und 45 Minuten bei 200 Grad backen.

DES INDIANERS BROT

Die Menge entspricht einem 1-Pfund-Brot.
Vorbereitungszeit: 45 Min.
Zubereitungszeit: 45 Min.
Zutaten:
1 Päckchen Hefe
4 Eßl. warmes Wasser
3 Eßl. Oel
1 Teel. Salz
½ Teel. Knoblauchpulver
4 Tassen Weizenmehl
1 Tasse Wasser

Zubereitung:
Die Hefe im warmen Wasser auflösen und gut verrühren. Dann das Oel, Salz und Knoblauchpulver zufügen und ebenfalls gut verrühren. Anschließend Mehl und Wasser hinzufügen und alles gut durcharbeiten. (Es empfiehlt sich, eine Küchenmaschine zu benutzen.) Aus dem glatten Teig einen Brotlaib formen und an einem warmen Ort ½ Stunde gehen lassen.
Ofen vorheizen (auf 180 Grad). Den Brotlaib auf gefettetem Blech bei 180 Grad 50 Minuten backen.

BROT DER HOPI-INDIANER

Die Menge entspricht einem
1-Pfund-Brot.
Vorbereitungszeit: 15 Min.
Zubereitungszeit: 60 Min.
Zutaten:
1 Tasse ganze Sonnenblumenkerne
2 Tassen Weizenmehl
1 Tasse Sonnenblumenkerne,
fein gemahlen
1 Päckchen Backpulver
1 Teel. Salz
1/2 Teel. Chilipulver
2 Eier
4 Eßl. Oel
1/2 Tasse Milch
4 - 5 Eßl. Ahornsirup

Zubereitung:
Eine gefettete Kastenform
reichlich mit den ganzen
Sonnenblumenkernen aus-
streuen. Einen Rest übrig-
lassen, um den Teig später
oben damit zu bestreuen.
Ofen vorheizen (auf 180 Grad).
Die trockenen Zutaten in einer
großen Schüssel vermengen.
Eier, Oel, Milch und Ahornsirup dazugeben. Gut verkneten, bis ein glatter Teig entsteht. (Am besten Küchen-
maschine benutzen.) Die
Masse in die vorbereitete
Kastenform geben, mit den
restlichen Sonnenblumen-
kernen überstreuen und ca.
40 Minuten bei 180 Grad
backen.

MAISBROT MIT SALBEI

Die Menge entspricht etwa
einem 2-Pfund-Brot
Vorbereitungszeit: 20 Min.
Zubereitungszeit: 30 Min.
Zutaten:
1 Päckchen Hefe
4 Eßl. warmes Wasser
3 Tassen Weizenmehl
2 Tassen Maismehl
2 Teel. brauner Zucker
2 Teel. Salz
1 Teel. Salbei
3 Eßl. ganze Sonnenblumenkerne
2 Tassen warmes Wasser

Zubereitung:
Hefe in dem warmen Wasser
auflösen. Die trockenen Zutaten in einer großen Schüssel
vermengen, dann die aufgelöste Hefe und die 2 Tassen
warmes Wasser unterschlagen.
(Es empfiehlt sich, eine Küchenmaschine zu benutzen!)
Der Teig soll fest und glatt sein.
An einem warmen Ort soll der
Teig gehen.
Ofen vorheizen (auf 200 Grad).
Danach den Teig wieder durchkneten, zu einem Laib formen,
auf das gefettete Kuchenblech
setzen und mit Wasser überpinseln.
Bei 200 Grad 45 Minuten
backen.

MAISMEHLFLADEN

Der Teig ergibt ca. 20 Fladen.
Vorbereitungszeit: 30 Min.
Zubereitungszeit: 30 Min.
Zutaten:
1½ Tassen Weizenmehl
1½ Tassen Maismehl
1 Päckchen Backpulver
¼ Tasse Margarine
2 Eier
1 Eßl. brauner Zucker
¼ Tasse Wasser
½ Teel. Salz
Palmin

Zubereitung:
Weizenmehl, Maismehl und
Backpulver vermengen, dann
die übrigen Zutaten dazu-
geben und einen gut durchgearbeiteten, glatten Teig herstellen. (Es empfiehlt sich, eine
Küchenmaschine zu be-
nutzen!) Den Teig zu einer
Rolle von ca. 5 cm Durch-
messer formen und in ca.
20 Teile teilen. Mit bemehlter
Hand Fladen formen, die ca.
1 cm dick sein sollen. In der
Pfanne mit reichlich Palmin
goldbraun backen.
Anmerkung:
Die Fladen warm in Ahorn-
sirup dippen, oder als Beigabe
zu Fleisch und Chiligerichten.

INDIANISCHE FLADEN

Der Teig ergibt ca. 12 Fladen.
Vorbereitungszeit: 15 Min.
Zubereitungszeit: 40 Min.
Zutaten:
4 Tassen Weizenmehl
1 Päckchen Backpulver
½ Teel. Salz
½ Teel. Chilipulver
1 Ei
1 - 2 Tassen warmes Wasser

Zubereitung:
Fett in der Friteuse erhitzen.
Mehl, Backpulver, Salz und
Chilipulver mischen. Das Ei
und das warme Wasser zu-
fügen, aber nur soviel warmes
Wasser verwenden, daß ein ge-
schmeidiger Teig entsteht.
Die Masse gut durcharbeiten,
am besten in der Küchenmaschine.
Eine Rolle formen von ca.
5 cm Durchmesser. In ca.
12 Teile teilen. Mit bemehlten
Händen flache, runde Fladen
formen, mit dem Zeigefinger in
der Mitte ein Loch durchsto-
ßen, in der heißen Friteuse
hellbraun ausbacken.
Heiß servieren.

SAUERTEIGFLADEN

Die Menge ergibt ein ganzes
Kuchenblech.
Vorbereitungszeit: 20 Min.
Zubereitungszeit: 45 Min.
Zutaten:
1½ Tassen Weizenmehl
1 Tasse Maismehl
1 Tasse Mondamin
1 Päckchen Backpulver
1 Ei
½ Teel. Salz
1½ Tassen Bier

Zubereitung:
Alle Zutaten zu einem glatten
Teig verrühren. (Es empfiehlt
sich, eine Küchenmaschine zu
benutzen.) Der Rührteig muß
eine streichfähige Konsistenz
haben. Auf ein gefettetes
Kuchenblech ca. 1 cm dick auf-
streichen.
Ofen vorheizen (auf 250 Grad).
30 Minuten bei 250 Grad goldbraun backen.
Anmerkung:
Zum Essen werden die Stücke
abgebrochen.

BESUCH IM RESERVAT
VON SAN ILDEFONSO

Glühend heiß scheint dieser Tag zu werden.

Mein Sohn und ich hatten im Wohnwagen am Wegesrand kampiert, und nun beeilen wir uns, vor der Mittagshitze das Reservat zu erreichen.

Menschenleere empfängt uns, ein paar Hühner, einige vor sich hindösende, herrenlose Hunde, ein paar Bäume, die Schatten spenden, und viel Staub auf der Straße. Viel Staub!

Wir gehen weiter. Ein alter Mann taucht aus dem Nichts auf, sieht unseren unsicheren Blick und bittet uns in sein Haus, und dann stehen wir einer freundlichen Indianerfrau mit wachen Augen in ihrem sauberen Wohnraum gegenüber. Freundlichkeiten werden ausgetauscht.

Kochrezepte? — Aber gern! — Mutter Erde hat köstliche Früchte und reichen Erntesegen hervorgebracht! Die Frauen des Clans kochen mit Liebe und regem Bewußtsein. Mein Bleistift fliegt über das Papier, faßt kaum die Fülle des Neuen. Bitte noch mehr Rezepte! Aber Indianer verstehen unsere Eile nicht! Außerdem zwingt uns die Mittagshitze zu langsamerer Gangart.

Bei der Verabschiedung verspricht mir Juanita, die kluge Indianerin, Rezepte nach Deutschland zu schicken, und sie hat tatsächlich Wort gehalten.

Hier sind einige ihrer Köstlichkeiten:

... SO ALLERLEI

Pueblo-Dorf

CHILI-GEWÜRZSAUCE

Die Menge ist für 3 Personen berechnet.
Vorbereitungszeit: 20 Min.
Zubereitungszeit: 30 Min.
Zutaten:
1 gewürfelte Zwiebel
2 Eßl. Oel
1 Eßl. Weizenmehl
1 Tasse Wasser
1 Eßl. gemahlene Sonnenblumenkerne
1 zerdrückte Knoblauchzehe
1 Teel. Oregano
5 Teel. Chilipulver
Salz nach Geschmack

Zubereitung:
Zwiebel im Oel glasig dünsten, Weizenmehl einstreuen, mit dem Wasser ablöschen und durchkochen lassen. Sonnenblumenkerne dazugeben, ebenso die Gewürze, nochmals aufkochen und 20 Minuten durchziehen lassen.
Anmerkung:
Zu Fleisch oder den diversen Indianerbrotsorten reichen, oder gekochte Maiskolben darin dippen!

MAISGRIESS-SCHNITTEN

Der Teig ergibt ca. 10 Schnitten.
Vorbereitungszeit: 25 Min.
Zubereitungszeit: 25 Min.
Zutaten:
4 Tassen Wasser
2 Tassen Maisgrieß
1 Teel. Salz
1 Eßl. Salbei
1/2 Teel. Senfpulver
3 Eßl. Pinienkerne, fein gemahlen
1 Eßl. Margarine
1 Tasse fein gewürfelte grüne
Chilis ohne Kerne
Butter und Mehl

Zubereitung:
Das Wasser zum Kochen
bringen, den Maisgrieß ein-
laufen lassen, kräftig schlagen!
Dann die Gewürze dazu.
Es muß ein fester Teig ent-
stehen. In einer Pfanne die
Margarine zerlaufen lassen,
Chilis dazugeben und an-
bräunen. Ebenfalls unter die
Masse kneten. Den Teig in eine
Kastenform bringen und einen
Tag gut durchkühlen lassen.
Vor dem Servieren in 2 cm
dicke Scheiben schneiden, in
Mehl wenden und in der Butter
braun braten.

CHILIHÄPPCHEN

Vorbereitungszeit: 25 Min.
Zubereitungszeit: 10 Min.
Zutaten:
3 große Fleischtomaten, enthäutet, grob gewürfelt
10 Lauchzwiebeln, in 3 cm große Stücke geschnitten
4 große rote Chilis, in große Stücke geschnitten
1 grüne Paprika ohne Kerne, in große Stücke geschnitten
1 Tasse Weinessig
1 Tasse brauner Zucker
1 Eßl. Salz
1 Eßl. Senfkörner
2 Knoblauchzehen, halbiert

Zubereitung:
Alle Zutaten in einem Topf vermengen und 5 Minuten aufkochen lassen. Abkühlen lassen und dabei von Zeit zu Zeit umrühren. Diese süßsauren Häppchen kann man im verschlossenen Glas im Kühlschrank aufbewahren. Sie schmecken delikat zu Brot, Fleisch oder Reis.

INDIANISCHE OMELETTS

Der Teig ergibt ca. 4 Omeletts.
Vorbereitungszeit: 10 Min.
Zubereitungszeit: 20 Min.
Zutaten:
1 Ei
1 Tasse Mondamin
½ Tasse Weizenmehl
1 Teel. Salz
1 Päckchen Backpulver
1½ Tassen Milch
Butter

Zubereitung:
Die festen Zutaten mit dem Ei vermengen, die Milch langsam zufügen. (Dies geht am besten mit der Küchenmaschine.) Die Bratpfanne auf dem Herd heiß werden lassen, Butter hineingeben und ein Viertel der Teigmasse in die Pfanne gießen. Auf beiden Seiten ausbacken.

Anmerkung:
Die Omeletts können mit Ahornsirup als süße Speise gegessen werden. Man kann sie auch feinstreifig schneiden als Einlage in Suppen.

GRÜNE CHILIKLÖSSCHEN

Die Masse ergibt 15 - 20 Klößchen.
Vorbereitungszeit: 20 Min.
Zubereitungszeit: 15 Min.
Zutaten:
1 Tasse fein gehackte grüne
Chilis
1 Eßl. Butter
2 Tassen Mehl
2 Teel. Backpulver
1 Ei
1 Eßl. Oel
1 Teel. Salz
1 Teel. Oregano
3/4 Tassen Buttermilch

Zubereitung:
Die Chilis in Butter bräunen,
beiseitestellen. Die übrigen Zutaten zu einem glatten Teig
verarbeiten. (Küchenmaschine!) Die Chilis zufügen und
alles zu einem festen Teig verarbeiten.
Einen mittleren Topf 3/4 mit
Wasser füllen, zum Kochen
bringen. (Wenn vorrätig, kann
auch Bouillon genommen
werden.)
Aus dem Teig mit einem
nassen Teelöffel Klößchen abstechen und diese 10 - 15 Minuten in der Flüssigkeit garen.

MAISMEHLKLÖSSCHEN

Der Teig ergibt 12 - 14 Klößchen.
Vorbereitungszeit: 15 Min.
Zubereitungszeit: 25 Min.
Zutaten:
1 Ei
1 Tasse Weizenmehl
3 Eßl. Maismehl
1 Teel. Backpulver
1 Tasse Mais (aus der Dose),
mit der Gabel zerdrückt
½ Teel. Chilipulver
½ Teel. Salz

Zubereitung:
Alle Zutaten zu einem festen
Teig verkneten. (Küchenma-
schine!) In einem großen Topf
Salzwasser zum Kochen brin-
gen. 12 - 14 Klößchen formen
und im siedendem Wasser 10 -
15 Minuten gar ziehen lassen.
Anmerkung:
Als Suppeneinlage oder als
Beilage zu Fleisch- und Ge-
müsegerichten geeignet.

EIER-PAPRIKA-AUFLAUF

Für 4 - 6 Personen als Vorgericht, oder als kleines Abendessen.
Vorbereitungszeit: 15 Min.
Zubereitungszeit: 10 Min.
Zutaten:
4 grüne Paprika, halbiert, entkernt, in Ringe geschnitten
1 rote Chili, entkernt, in feine Ringe geschnitten
2 Tassen zerkrümelter Schafskäse
6 Eier
2 Eßl. Pinienkerne, fein gemahlen
Salz nach Geschmack

Zubereitung:
Paprika, Chili und Schafskäse vermengen und in eine gefettete Auflaufform schichten. Eier, Pinienkerne und Salz verschlagen, über das Paprikagemisch gießen und im vorgeheizten Ofen bei 180 Grad 30 Minuten stocken lassen.

MARKKNOCHENAUFSTRICH

Die Masse ergibt einen Aufstrich für ca. 8 Scheiben Brot.

Vorbereitungszeit: 15 Min.

Zubereitungszeit: 15 Min.

Zutaten:

3 - 4 große Markknochen
Salz, Pfeffer, Oregano nach Geschmack oder:
feingehackte Küchenkräuter,
z.B. Petersilie, Schnittlauch,
Kerbel oder Estragon

Zubereitung:

Das Mark aus den Knochen drücken, klein schneiden und in der Pfanne anbraten. Im Mixer fein pürieren und je nach Geschmack die Gewürze hinzufügen. Kaltstellen.

Anmerkung:

Die Indianer bevorzugen es, diesen Brotaufstrich warm zu essen und ihr selbstgebackenes Brot in dieses Fett zu dippen.

GEWÜRZE UND KRÄUTER DER INDIANERKÜCHE

CAYENNEPFEFFER

Der Arzt von Christoph Kolumbus schrieb im 16. Jahrhundert auf seinen Seereisen nach „Indien": „Sie würzen ihre Nahrung mit einem Gewürz, das sie Agi (oder Aji) nennen. Sie essen es zu Fischen und Vögeln, die sie auf der Insel fangen oder jagen." (Westindische Inseln.) Dieses Agi ist uns bekannt als Cayennepfeffer und wird aus einer besonderen Chilischote (s.u.), der Cayenneschote, gewonnen. (aus: Roland Göök, „Das Buch der Gewürze".)

CHILIS
(Capsicum annuum):

Diese überaus scharfen Beerenfrüchte, zu denen auch die Cayenneschote gehört, wachsen an einem Strauch der tropischen Capsicumart. Sie sind grün, goldgelb oder rot und werden ca. 5 cm lang.

Bevor im 16. Jahrhundert Nordamerika von den Spaniern besiedelt wurde, wuchsen dort mit Sicherheit Chilis, Paprika, Piment und Zimt. Besonders die Chilis spielten eine große Rolle bei den Ureinwohnern. Chilis sind eine Unterart des uns bekannten Paprika, der aber wesentlich milder ist. Aus Chilis wird der Cayennepfeffer (s.o.) und das mildere Chilipulver hergestellt.

AHORNSIRUP
(Acer saccharum):

Saft aus dem Zuckerahornbaum. Wurde bei den Pueblo-Indianern zu einem unentbehrlichen Nahrungs- und Würzmittel. Vielfach wird das sehr schmackhafte Pueblobrot in Ahornsirup gedippt, was unserem Marmeladenbrot in etwa entspricht. Der Ahornsirup wird heute häufig vom billigeren, handelsüblichen Zucker verdrängt.

Heute gibt es noch die in USA und bei den Pueblo-Indianern sehr beliebte Chilisauce. Sehr früh, also schon in vorkolumbischer Zeit, wußte man bei den verschiedenen Indianerstämmen von der heilenden und konservierenden Wirkung der Chilis.

Die Chilis sollen auch die Widerstandskraft bei Herzleiden stärken, wie eine Untersuchung der New Mexico Highland University ergab.

CHILISAUCE

In den USA verwendet man gern die abgemilderte Form der Chilisauce. Sie enthält Tomatenmark zur Milderung der scharfen Chilis. Als Geschmacksergänzung wird je nach Fabrikat Essig, Salz, Zucker, Knoblauch und Zwiebeln zugegeben. Sehr bald hielt diese Sauce auch Einzug in die Indianerküchen.

ESSIG

(Acetum):

Seit frühester Zeit ist bekannt, daß alkoholische Flüssigkeiten bei längerem Stehen zu Essig werden. Dafür sorgen die in der Luft befindlichen Essigsäurebakterien. Der Weinessig gilt als die beste Essigsorte. Sehr schnell erkannte man, daß Essig außer zur Speisezubereitung auch zur Konservierung von Fleisch und Gemüse geeignet ist.

In der Hausapotheke hat Essig seinen festen Platz. Mit ihm werden Umschläge gegen Entzündungen gemacht; als Getränk, mit Wasser verdünnt, senkt er den Cholesterinspiegel und hilft bei Verdauungsbeschwerden. Auch bei Hundebissen soll er hilfreich sein.

ESTRAGON

(Artemisia dracunculus):

Die Estragonpflanze wird bis zu 1,5 m hoch und hat hell- bis dunkelgrüne, ungeteilte, lanzettliche Laubblätter. Die jungen Triebe werden getrocknet oder frisch als Gewürz verwendet. Das getrocknete Estragonkraut enthält ätherisches Öl, Gerb- und Bitterstoffe. Der Geschmack ist stark aromatisch, angenehm würzig. Frischer oder getrockneter Estragon wird in der Indianerküche für Salate, Mais- und Fleischgerichte verwendet.

In der Medizin gilt Estragon als harntreibend.

FELSASCHE

Die Pueblo-Indianer mischten vor der Zubereitung Kalkstaub unter das Maismehl, um es schmackhafter zu machen. Dieser Kalk wurde allgemein als „Asche" bezeichnet, da er durch Brennen aus Kalksteinen gewonnen wurde. Die Bezeichnungen variieren in den verschiedenen Quellen. Bei Hill* ist von „rock ash" (Felsasche) die Rede, White** spricht von „limestone ashes" (Kalksteinasche).

Dieses Mineral wurde entweder eingehandelt oder direkt aus den Bergen geholt. War keine „rock ash" verfügbar, wurde auch Holzasche (vorzugsweise aus Cottonwood = Pappelholz) oder Bittersalz (Epsomsalz = Magnesiumsulfat) verwendet. Die Beimengung von Kalk in das Maismehl geschieht heute nur noch zu rituellen Zwecken, z.B. für die Herstellung von „paper bread" (Piki-Brot, gebacken bei dem Hopi-Stamm). Ansonsten wird das handelsübliche Speisesalz bevorzugt.

* Hill, W.W.: An Ethnography of Santa Clara Pueblo, New Mexico. University of New Mexico Press, Albuquerque 1982

**White, Leslie A.: The Pueblo of Santa Ana. American Anthropological Association, Memoir 60, 1942.

KNOBLAUCH

(Allium sativum):

Stark riechendes Liliengewächs der Gattung Lauch, mit doldigem Blütenstand, flachen ca. 1 cm breiten Blättern und einer rundlichen Zwiebel, die von vielen Gruppen kleiner, aus je einem einzigen verdickten Blatt gebildeter Brutzwiebeln umgeben ist (Knoblauchzehen). Die Pflanze wird bis zu 70 cm hoch. Die Knoblauchzehen riechen durchdringend scharf, werden bei vielen Gerichten verwendet und entwickeln eine konservierende Wirkung, was für die Indianer vor der Zeit des Kühlschranks besonders wichtig war. Knoblauchöl enthält Allizin. Es wirkt keimtötend und regulierend auf die Bakterienflora des Magen-Darmtraktes. Außerdem wird es gern angewendet bei Leber- und Gallenleiden, bei hohem Blutdruck und Arteriosklerose.

KORIANDER

(Coriandrum sativum):

Gehört zur Pflanzenfamilie der Doldengewächse. Es ist ein 30 - 60 cm hohes einjähriges Kraut mit weißen Blütendolden. Die rotbraunen, kugeligen Früchte werden in der Medizin, Kosmetik und in der Küche vielfach verwendet.

Koriander kommt in Form von ganzen Früchten oder in gemahlenem Zustand auf den Markt.

Medizinisch gilt es als Heilmittel bei Magen- und Darmbeschwerden.

In der Indianerküche wird der Koriander zum Brotbacken und außerdem zum Einlegen und Haltbarmachen von Fleisch verwendet.

KÜMMEL

(Carum carvi):

Das sind die getrockneten Teilfrüchte der Kümmelpflanze, die ebenfalls zur Familie der Doldengewächse gehört. Das Kraut kann etwa einen Meter hoch werden. Es wird heute meist kultiviert. In vorkolumbischer Zeit verwendete man den wilden Kümmel besonders als Gewürz für Fleischgerichte.

MINZE

(Mentha spec.):

Gehört zur Familie der Lippenblütler. Der Stengel ist vierkantig, die Blüten sind unscheinbar und violett bis rötlich gefärbt. Die Blätter sind gekreuzt gegenständig und gezähnt oder gelappt. Die grüne Minze (Mentha spicata) hat den scharfen Pfefferminzgeschmack und wird ca. 90 cm hoch. Sie wird vielfach als Küchengewürz verwendet. In USA

baut man hauptsächlich die krause Minze (Mentha crispa) an.

In der Medizin wird die Pfefferminze (Menta piperita) als Tee verwendet. Pfefferminztee hilft bei Magenbeschwerden.

OREGANO

(Origanum vulgare):

Als Gewürz nimmt man die wohlriechenden, feinen Blätter des 50 - 60 cm hoch wachsenden Halbstrauches. Wild wächst er an Böschungen und Waldrändern. Die USA haben einen hohen Verbrauch an Oregano, was sich auch in der Pueblo-Indianerkücher auswirkt. Die Pflanze wird bei dem heutigen großen Verbrauch in Gewürzgärten gezogen. Oregano verwenden die Indianer gern zu Salaten, Braten, Hülsenfruchtsuppen und gelegentlich beim Brotbacken.

PETERSILIE

Gartenpetersilie
(Petroselinum crispum):

Ein weitverbreitetes zwei- bis mehrjähriges Doldengewächs mit rübenförmiger, schlanker Wurzel und dunkelgrünen, zwei- bis dreifach gefiederten Blättern. Im zweiten Anbaujahr bildet die Petersilie einen ca. 120 cm hohen, verzweigten Stengel mit vielstrahlig zusammengesetzten Dolden. Die Blütenblätter sind gelbgrün bis rötlich, die Früchte graubraun. Verwendung als Gewürz finden nur die Blätter.

Petersilie hat einen hohen Gehalt an Vitamin C und wird deshalb auch als Heilpflanze verwendet.

Sie ist ursprünglich keine in New Mexico beheimatete Pflanze, jedoch für die heutige Indianerküche unentbehrlich.

Samen, Blätter und Wurzeln der Petersilie wirken harntreibend und werden deshalb auch bei Wassersucht angewendet. Bei Blähungen und Hautparasiten soll Petersilie roh gegessen werden.

PFEFFER

(Piper nigrum):

Als Kolumbus 1492 seine Seereise nach Indien in westlicher Richtung antrat, war er auf der Suche nach einem neuen Weg, um gefahrenfreier in jeder Hinsicht den kostspieligen Pfeffer in die Gewürzmetropolen Portugals zu bringen. Er entdeckte zwar Amerika, was er in seinem Leben nie erfahren hat, aber den begehrten Pfeffer fand er nicht. Erst zweihundert Jahre später beteiligten sich die Amerikaner am Pfefferhandel in Sumatra und Indien. So fand der Pfeffer Einzug in die indianische Küche.

Der Pfefferstrauch wird ca. 10 m hoch, ist eine Kletterpflanze, die heute an Stützpfählen in großen Plantagen gezüchtet wird. Sie gedeiht nur in tropi-

schen Ländern. Die Pfefferkörner, eigentlich kleine Steinfrüchte, wachsen an etwa 10 cm langen Ähren. Je nach dem Reifegrad sind die Früchte grün oder gelb. Die diversen Pfeffersorten stammen alle von der gleichen Pflanze. Wenn die noch grünen Steinfrüchte nach der Ernte sofort eingelegt werden, erhält man den Grünen Pfeffer. Normalerweise wird die Schale nach dem Trocknen schwarz (→ Schwarzer Pfeffer). Den Weißen Pfeffer erhält man durch Schälen der Früchte.

SALBEI

(Salvia spec.):

Gehört zur Familie der Lippenblütler. Als Kraut, Halbstrauch oder Strauch kommt Salbei in rund 500 Arten in den Tropen und Subtropen und mit einigen Arten auch im gemäßigten Klima vor. Der europäische Gartensalbei (Salvia officinalis) wird als Heil- und Gewürzpflanze kultiviert. Er kann bis zu 70 cm hoch werden, duftet stark aromatisch, hat graufilzige Blätter und violette Blüten. Die Blätter enthalten ätherische Öle, Gerb- und Bitterstoffe. In der Indianerküche wird Salbei gern verwendet für Salate, Gemüse- und Fleischgerichte und zum Brotbacken; hier handelt es sich aber meist um die hauptsächlich in New Mexico angebaute Art Salvia farinacea.

Salbei findet auch reiche Verwendung in der Medizin, zum Beispiel als Tee bei Magenbeschwerden, als Gurgel- bzw. Desinfektionsmittel bei Halsoder Mundinfektionen.

SALZ

(Natriumchlorid):

Es ist eigentlich kein Gewürz, sondern ein Mineral, welches der menschliche Körper zum Leben unbedingt benötigt. Der Tagesbedarf eines gesunden Menschen liegt bei ca. 5 Gramm.

Zu allen Zeiten spielte das Salz eine wichtige Rolle im Leben der Menschen. Es wird entweder im Bergbau oder durch Eindampfen von Meerwasser gewonnen. Bevor die Pueblo-Indianer mit Salz bekannt wurden, diente ihnen das Mineral „Felsasche" als Salzersatz. Zum Konservieren verwenden sie es weniger. Heute wird der Salzbedarf im nahen Supermarkt gedeckt.

SCHNITTLAUCH
(Allium schoenoprasum):

Gehört zur Familie der Lauch- und Zwiebelgewächse. Er wird in ganz Europa, Mittelasien und Nordamerika angebaut. Die grünen, dünnen, röhrenförmigen „Blätter" schmecken lauchartig. Die Blüten sind hellrosa bis lila-rot und stehen in kugeligen Blütenständen. Die Staude wird 15 bis 90 cm hoch. Schnittlauch sollte immer frisch in der Küche verarbeitet werden, auf diese Weise bleibt der Vitamin-C-Gehalt erhalten. Schnittlauch kann fast immer in Salaten und zum Überstreuen der Gemüsegerichte verwendet werden.

VANILLE
(Vanilla planifolia):

Das Ursprungsland dieses Gewürzes ist das östliche Mexiko um Papantha im Totonakengebiet. Den Azteken war die Vanilleschote mit ihrem lieblichen Duft und dem feinsüßen Geschmack ein unentbehrliches Gewürz. Erst Jahrhunderte später gelang der Anbau in anderen tropischen Ländern. In den USA und bei den Pueblo-Indianern wird hauptsächlich Vanilleextrakt verwendet.

Vanilleschoten sind die Früchte einer blaßgelben Orchidee, die sich ursprünglich an Bäumen im tropischen Urwald Mexicos emporrankte. Die Schoten werden ca. 25 cm lang. Sie werden entweder als ganzes gemahlen oder ihr pulvriges Inneres ausgekratzt. In neuerer Zeit wird die Vanillepflanze vielerorts an Pfählen gezogen und künstlich bestäubt, ehe sie Früchte trägt und diese in den Handel kommen.

Heutzutage wird vielfach synthetisches Vanillearoma verwendet.

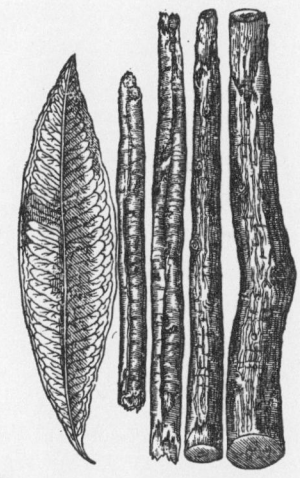

ZIMT

(Cinnamomum zeylanicum):

Der Zimtbaum wächst in tropischen Gebieten und gehört zur Familie der Lorbeergewächse. Er wird strauchartig beschnitten und auf einer Höhe von 2,50 - 3,00 m gehalten. Es werden nur die 1½-jährigen Triebe abgeschnitten, deren Rinde geschält wird. Auf diese Weise kann man 2 - 3 mal im Jahr ernten. Über Nacht werden die Rinden in Kokosmatten eingeschlagen, wo sie fermentieren. Anschließend wird die äußere und mittlere Rinde abgeschabt. Nur die zarte, mild duftende, dünne, innere Rinde kommt in den Handel. Die Indianer verwenden gern Zimtgewürz für Kürbis- und Süßspeisen und für das sehr beliebte Kleingebäck.

Einrichtung eines Pueblo-Raumes

WILDPFLANZEN
DER INDIANERAPOTHEKE

ALRAUNWURZEL

(Mandragora officinarum):

Nachtschattengewächs mit zuge-spitzten Blättern und grüngelben Blü-ten. Gelbe, runde Beeren stehen inner-halb einer Blattrosette. Die giftige Wur-zel enthält Alkaloide. Indianer benut-zen die Alraunwurzel als Suizid-Droge. In sehr kleinen Mengen wirkt sie hilf-reich bei seelischer Anspannung. In pulverisierter Form kann man mit der Alraunwurzel Warzen und Hautaus-schläge behandeln.

BORRETSCH

(Borago officinalis):

Gurkenkraut, einjähriges Rauhblatt-gewächs mit blauen Blüten. Blätter und Blüten werden zu Tees verwendet. Sie sind calcium- und kaliumhaltig. Borretschtee wirkt leicht fiebertrei-bend und hilft sowohl innerlich als auch äußerlich angewandt bei Erkäl-tungen und grippalen Infekten.

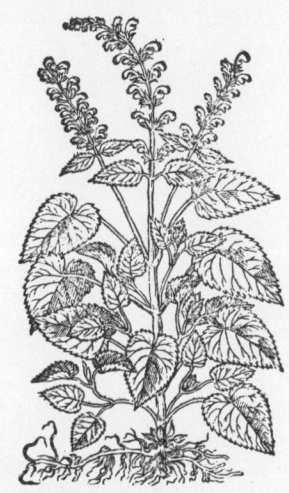

BRENNESSEL

(Urtica dioica):

Die große Brennessel ist eine mehr-jährige, zweihäusige Ruderalpflanze. Sie wird ca. 1,50 m hoch, hat behaarte, am Rand grobgesägte Blätter. Die Brennessel hilft als Tee besonders bei Rheumatismus. Die frischen Blätter werden nicht nur zu Tees verwendet, sondern im Frühjahr auch zu wohl-schmeckenden, vitaminreichen Sala-ten verarbeitet.

FICHTE

(Picea spec.):

Nadelholzgattung. Mit ca. 40 Arten ist sie auf der gesamten nördlichen Halbkugel vertreten. Die Fichte ist ein immergrünes Nadelgehölz mit einzelstehenden, spiralig um den Zweig gestellten Nadeln und hängenden Zapfen. Fichten können bis zu 60 m hoch wachsen, und die Rotfichte (Picea excelsa) kann 1000 Jahre alt werden.

In der Indianerpharmazie findet die Fichte eine außerordentlich vielfältige Anwendung. Das Fichtenbier, ein altüberliefertes Indianerrezept, wird bei Vitamin-C-Mangel getrunken. Die dünnen Zweige und Zapfen werden in Ahornsirup gekocht und der Sud heiß getrunken. (Dieses „Bier" wird jedoch nicht bei den Pueblo-Indianern hergestellt.) Das ganze Jahr über kann man die Zweige und Zapfen dazu verwenden. Das delikate Gebräu wurde von der nordamerikanichen Volksmedizin übernommen.

HOLUNDER

(Sambucus spec.):

Gehört zur Familie der Geißblattgewächse. Die Holzpflanzen wachsen in Büschen bis 2,50 m hoch. Sie haben gegenständige, unpaarige gefiederte Blätter und Trugdolden oder Rispen strahliger Blütchen, die stark duften. Die Beeren sind schwarz-violett. Wie bei uns so werden auch bei den Indianern die Blüten als schweißtreibender Tee bei Fieber angewandt. Man verwendet den Tee auch für Waschungen des Gesichts bei Akne und Pickeln.

KERBEL

Gartenkerbel
(Anthriscus cerefolium):

Das Kerbelkraut gehört zur Familie der Doldengewächse. Die Gattung Anthriscus ist mit 13 Arten in Europa und dem Orient vertreten.

Kerbel ist ein ein- bis zweijähriges Kraut, wird 30 bis 60 cm hoch, hat kantige, gefurchte Stengel, zwei- bis dreifach gefiederte Blätter und weiße Blüten. Der Geschmack ist würzig, anisartig. Nur die jungen Pflanzen haben die uns bekannte Würzkraft. In der nordamerikanischen Küche wird gern gemahlener Kerbel zu Eierspeisen, gegrilltem Fisch und Fleisch und zu Geflügelsaucen verwendet. Die übrigen Indianer haben sich dieser Geschmacksrichtung heute angeschlossen.

In der Volksmedizin soll Kerbel hilfreich sein bei Schwindel, Pest, Nierensteinen, Krebs, Würmern, Biß tollwütiger Hunde, Blasenleiden und Gelbsucht.

KIEFER

(Pinus spec.):

Gattung der Nadelhölzer. Mit etwa 80 Arten ist die Kiefer in den gemäßigten Zonen der nördlichen Halbkugel vertreten. Die Kiefer ist ein immergrüner Nadelbaum, und kann je nach Art bis zu 50 m hoch wachsen.

Von der Nußkiefer (Pinus monophylla) sind die Früchte eßbar. Sie werden meist als Pinyon-Nüsse bezeichnet und sind bei uns als Pinienkerne im Handel.

In der Indianerküche sind sie sehr beliebt und mannigfach zu verwenden. (s. vorseitig stehende Kochrezepte!)

Die Weiße Pinie (Pinus strobus) wird bei den Indianern intensiv genutzt. Einige Stämme kochen die Nadeln in Wasser oder Ahornsirup und trinken diesen Tee bei Skorbut, Husten und Erkältungen. Die Nadeln haben wie die der Fichte einen hohen Gehalt an Vitamin C. Frisch gepflückte junge Nadeln zu kauen ist sehr wohltuend.

KLEE

(Trifolium spec.):

Gehört zur Familie der Schmetterlingsblütler. Der Klee ist ein einjähriges Kraut, das mit ca. 300 Arten in den

gemäßigten und subtropischen Zonen beheimatet ist. Die Blätter sind meist dreizählig. Die Blüten in traubigen oder doldigen Blütenständen sind rot, rosa, weiß oder gelb.

Die Indianer verarbeiten Klee zu Tee oder verwenden ihn als Zusatz für diverse Brotsorten, ferner als Zusatz zu Rauchmixturen.

In der Medizin wird Klee zu lindernden Salben verarbeitet für die Wundbehandlung. Ein starker Teeaufguß hilft bei Magengeschwüren und Husten. Klee-Aufgüsse sollen auch, äußerlich angewendet, bei Verbrennungen wohltuend sein.

126

mit rachenförmigen Blüten, die in mehr als 350 Arten in gemäßigten und wärmeren Zonen gedeihen. Die Lobelie kann himmelblau, weiß oder violett blühen. Die Blätter werden getrocknet und in geringen Mengen geraucht. Eine nordamerikanische Lobelie liefert das Alkaloid Lobelin, das bei Asthma Anwendung findet. Vorsicht ist allerdings geboten, weil die Pflanze in großen Mengen giftig wirkt.

KÜRBIS

Gartenkürbis (Cucurbita pepo):

Gehört zur Familie der Kürbisgewächse. Meist rankende Kräuter und Halbsträucher mit gelben zweihäusigen Blüten und sehr großen gelben, weißen und grünen fleischigen Früchten, die viele Samen enthalten. Die getrockneten Samen, gut gekaut, gelten als Wurmmittel.

Sie sind auch hilfreich bei Blasenerkrankungen und Prostatabeschwerden.

LOBELIA

oder Spaltglöckchen, auch Indianertabak (Lobelia spec.):

Gattung der Glockenblumengewächse. Kräuter und Halbsträucher

LÖWENZAHN

Gemeiner Löwenzahn (Taraxacum officinale):

Gehört zur Familie der Korbblütler. Mit rund 60 sehr formenreichen Arten ist die Gattung Taraxacum bei uns, im Mittelmeergebiet, in Zentralasien und New Mexico vertreten.

Der Löwenzahn ist eine gelbblühende, milchsaftführende Rosettenpflanze mit gezähnten Blättern. Die aus vielen einzelnen Zungenblüten zusammengesetzten Blütenstände haben einen runden, milchsaftführenden und blattlosen Stiel.

Delikat sind die ganz jungen, inneren Löwenzahnblätter, die die Pueblos gern zu Frühlingssalaten und -gerichten in ihren Küchen verarbeiten.

Frisch oder als Tee zubereitet gehört Löwenzahn in die Pueblo-Hausapotheke, und zwar als „Blutverdünner", bei Herzschmerzen, Leberleiden, bestimmten Stoffwechselstörungen und Appetitlosigkeit.

MAIS
(Zea Mays):

Der Mais kommt aus der Unterfamilie der Maisgräser und wird im Südwesten der USA bis zu 2 m hoch. Die Pflanze ist einhäusig, ihre Blüten stehen in Rispen. Der Fruchtkolben wird von Hüllblättern umgeben. Die fadenförmigen Griffel ragen an der Spitze der Kolben als „Seide" aus den Hüllblättern heraus. Das Ursprungsland und älteste Anbaugebiet ist vermutlich Mexiko. Dort ist der Mais aus einer ursprünglichen, wildwachsenden Spelzform entstanden.

Schon die Inkas und Azteken wußten um die heilende Wirkung bei Infektionen von Galle und Nieren. Die vom Brand, einer Pilzkrankheit, befallenen Maiskörner werden zur Behandlung von Migräne verwendet. Maismehlstärke und der Rauch von brennenden Maiskolben wirken lindernd bei Juckreiz und Krätze.

MATE
Teestrauch
(Ilex paraguayensis):

Gehört zur Familie der Stechpalmengewächse. Der Baum bzw. Strauch wird 6 - 14 m hoch. Kultiviert wird er etwa 5 m hoch gezogen. Er hat immergrüne länglich-elliptische, 15 cm lange Blätter. Die Blüten sind unscheinbar, weiß bis gelblich. Die Frucht ist eine mehrsamige Beere. Zum Aufguß des Matetees werden die koffeinhaltigen Blätter verwendet, die entweder frisch (grün) überbrüht oder in einer Pfanne zuerst leicht braun geröstet und dann überbrüht werden. Der Tee hat eine angenehm belebende Wirkung.

ROSMARIN
(Rosmarinus officinalis):

Gehört zur Familie der Lippenblütler. Immergrüner 60 - 150 cm hoher Halbstrauch mit ca. 3 cm langen, schmalen, am Rand umgerollten, ledrigen Blättern, die einen würzigen Geruch haben. Die Blüten sind weißlich oder blau und in kurzen, achselständigen Trauben angeordnet. Die Blätter werden als Küchengewürz verwendet. In der Medizin ist die Pflanze vielseitig verwendbar:

Als starker Tee aufgebrüht lindert er Schmerzen, die durch Kälte verursacht wurden.

Kocht man die Blätter und verarbeitet den Sud zu einer Salbe, erhält man ein gutes bei Windpocken und rissiger Haut anwendbares Mittel.

Frische feuchte Blätter, auf einen heißen Backstein gelegt, entwickeln Rauch, der, so heißt es, bei Blutungen nach der Geburt hilft. Mit Rosmarintee vollgesaugte Verbände, auf Wunden gelegt, verhindern Infektionen.

hoch. Der in New Mexico beheimatete Sauerampfer (Rumex hymenosepalus) wird für die Hausapotheke vielfach verwendet.

Die Wurzeln werden gekaut zur Festigung der Zähne. Waschungen mit Sauerampferaufguß werden empfohlen bei Akne und anderen Hautproblemen. Sauerampferblätter wirken appetitanregend, blutreinigend und harntreibend.

In der Küche ist Sauerampfer beliebt als Salat und als Fleischfüllung.

SAUERAMPFER

(Rumex acetosa):

Die Staude mit länglich-elliptischen, säuerlich schmeckenden Blättern hat einen rötlichen Blütenstand und rotgestielte Früchte. Sie wird 30 - 100 cm

SEIDENPFLANZE

(Asclepias spec.):

Pflanzengattung aus der Familie der Schwalbenwurz- bzw. Seidenpflanzengewächse, deren Verbreitungsgebiet von Mexiko bis nach Nordamerika reicht.

Die amerikanischen — meist tropischen — Vertreter der Schwalbenwurzgewächse sind häufig Halbsträucher von über 1 m Höhe, haben reduzierte Blätter und manchmal sogar sukkulente Sprosse, vergleichbar den Kakteen.

Die Blüten sind fünfzählig aufgebaut und stehen einzeln oder in lockeren Dolden. Die Färbung variiert vom unscheinbaren Grünlich-Weiß bis zum leuchtenden Orangerot.

Der bei uns vorkommende Vertreter dieser Pflanzenfamilie ist die Schwalbenwurz (Cynanchum vincetoxicum), die gern an Schutthalden wächst.

Der aus speziellen Schwalbenwurzgewächsen gewonnene Milchsaft liefert ein wirksames Mittel gegen Flechten und Warzen.

SENF

(Sinapis alba):

Gehört zur Familie der Kreuzblütler. Die Pflanze ist einjährig, steifhaarig, bis ca. 60 cm hoch wachsend. Die Blüten sind hellgelb und spezifisch duftend. Die Samen sind etwa 2 mm dick, weißlich bis gelblich und enthalten das Senfglukosid Sinalbin. Der Senf ist aus Europa und dem Orient nach Amerika gekommen. Die Indianer verwenden Senf in der Kosmetik und als Würze ihrer Speisen. Die jungen Blätter werden gern zu Salaten verarbeitet.

In der Medizin werden Senfumschläge angewendet bei Furunkulose und Abzessen, bei Rheumaleiden, Lungenentzündung, Bronchitis und Grippe.

SONNENHUT

(Rudbeckia spec.):

Gehört mit ca. 30 Arten zu einer speziell nordamerikanischen Korbblütlergattung. Der Sonnenhut ist ein einjähriges, oft 2 m hohes Kraut mit meist wechselständigen Blättern und mittelgroßen bis großen gelben Blütenköpfchen. Aus der Wurzel des roten Sonnenhutes (Rudbeckia purpurea oder Echinacea) wird eine Tinktur zum Schutz gegen Infektionen hergestellt.

Echianacea-Tropfen wissen wir auch bei uns zu schätzen.

Der Kleinblütige Sonnenhut (Rudbeckia laciniata) ist ein Heilmittel bei verzögerter Menstruation und hilft gegen Krämpfe und Kopfschmerz. Ebenso ist er hilfreich bei Ausfluß und Gebärmutterentzündung.

TABAK

(Nicotiana tabacum und Nicotiana rustica, Bauerntabak):

Gehört zur Familie der Nachschattengewächse. Die Kräuter haben große, einfache, oft drüsig behaarte

TOPINAMBUR

auch Jerusalem-Artischocke, (Helianthus tuberosus):

Diese Pflanze kommt aus Nordamerika und wurde schon vor der Zeit Christoph Kolumbus' von den Indianern kultiviert. Topinambur gehört zur Gattung der Sonnenblumen und wird ca. 1,30 m hoch. Die Blüten sind hellgelb, der Sonnenblume ähnlich. Die Wurzeln sind knollig und werden auch „Indianerkartoffeln" genannt.

1605 fanden Spanier diese Knollen erstmals in einem indianischen Garten, und von dort kamen sie nach Europa. Topinamburknollen werden wie Kartoffeln in der Küche verwendet, als Suppe, Salat oder Beigabe zu Fleischgerichten. Bei uns wird die Knolle hauptsächlich zum Schnapsbrennen verarbeitet. Dem Topinambur sagt man eine heilende Wirkung nach bei Beschwerden des Magen-Darmtrakts, zum Einreiben der Wirbelsäule und bei Brustschmerzen. Bauern behandeln bei vielerlei Beschwerden ihre Tiere mit Topinambur. Die Pflanze enthält Kalzium, Eisen, Magnesium und Inulin. Sie dient auch als Kartoffelersatz für Diabetiker, da die Knolle Inulin statt Stärke als Reservestoff enthält.

Blätter. In endständigen Trauben oder Rispen stehen weiße, gelbe, rote oder rosafarbene, stark duftende Blüten.

Nach Europa gelangten die ersten Nachrichten über den Tabak durch Begleiter des Kolumbus, nachdem sie Tabak rauchende Indianer gesehen hatten. Das Rauchen diente vor allem kultischen Zwecken. Für medizinische Zwecke werden die Blätter — gekaut — hauptsächlich bei Insektenstichen und -Bissen angewendet. Die getrockneten, pulverisierten Blätter haben den Effekt, Insekten zur vertreiben. Geraucht wird der Tabak zur Entspannung der müden Glieder und zur Beruhigung.

WACHOLDER
(Juniperus communis):

Der gemeine Wacholderstrauch wächst säulenförmig bis 12 m hoch. Der Strauch hat abstehende, stechende Nadeln und dreisamige Beerenzapfen. Die Indianer bevorzugen den Geschmack der Wacholderbeere zu Salm, Reh, Elch und Bär. Natürlich auch zu anderen Fleischgerichten. In der Medizin werden die Beeren zu schweißtreibendem Tee verwendet und zu Mixturen, die man zum Rauchen zusammenstellt.

WASSERMELONE
(Citrullus spec.):

Die Wassermelone gehört zur Familie der Kürbisgewächse. Das einjährige Kraut mit niederliegenden Stengeln, gelappten Blättern und einzelstehenden Blüten, entwickelt die bis zu mehreren Kilo schwere, saftige Frucht. Die echte Wassermelone (Citrullus colocynthis) hat etwa orangengroße, hartschalige, grün bis gelblichweiß gezeichnete Früchte. Das bitter schmeckende Fruchtfleisch wird in der Medizin bei Gicht, Rheuma, Neuralgien und als Abführmittel verwendet. Die getrockneten Kerne der Wassermelone nehmen die Indianer gern zur Behandlung von Nierensteinen und bei Kreislaufbeschwerden.

WILDREIS
Wasserreis (Zizania aquatica):

Er ist heute das teuerste „Getreide" der Welt mit ca. 10 Dollar pro Pfund. Richtig zubereitet als Beigabe oder Füllung in Geflügel ist er für Feinschmecker sein Geld wert. Indianerstämme in Wisconsin und Minnesota, in Ontario (Kanada) wußten um den Nährwert und den vorzüglichen Geschmack dieses Getreides. Sie kämpften seit der Besiedlung durch den weißen Mann zum Teil erbittert um die seichten Gewässer, in denen Wildreis gedeiht. Die Einbringung der Ernte ist seit Jahrhunderten die gleiche. Die Männer fahren mit ihren Kanus in die seichten Gewässer, biegen die hohen Halme zu sich ins Boot und schlagen mit Flegeln aus Zedernholz so lange auf die Ähren, bis die Körner ins Boot fallen. Der Reis wird getrocknet und gereinigt und ist dann das ganze Jahr über für die Küche verfügbar. Wildreis wirkt harntreibend.

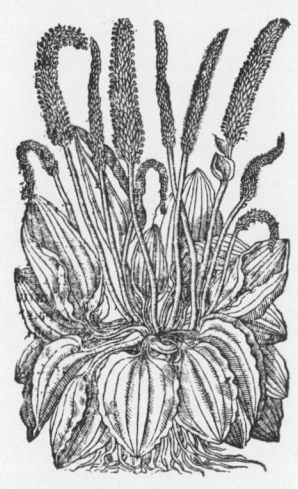

WEGERICH

(Plantago spec.):

Der Wegerich ist ein Kraut mit parallelnervigen, oft in Rosetten stehenden Blättern mit unscheinbaren Blüten in Köpfchen oder in Ähren.

Der Große oder Breitwegerich (Plantago major) findet in der Medizin der Indianer vielfache Anwendung. Zur Wundbehandlung werden die Blätter erhitzt und feucht auf die Wunde gelegt. Bei Zahnschmerzen oder Mundfäule werden die Wurzeln gekaut. Bei Schlangen- oder Insektenbissen werden die ganzen Pflanzen aufgeweicht und auf die Wunde gelegt. Die Samen des Wegerich sind ein Heilmittel gegen Würmer.

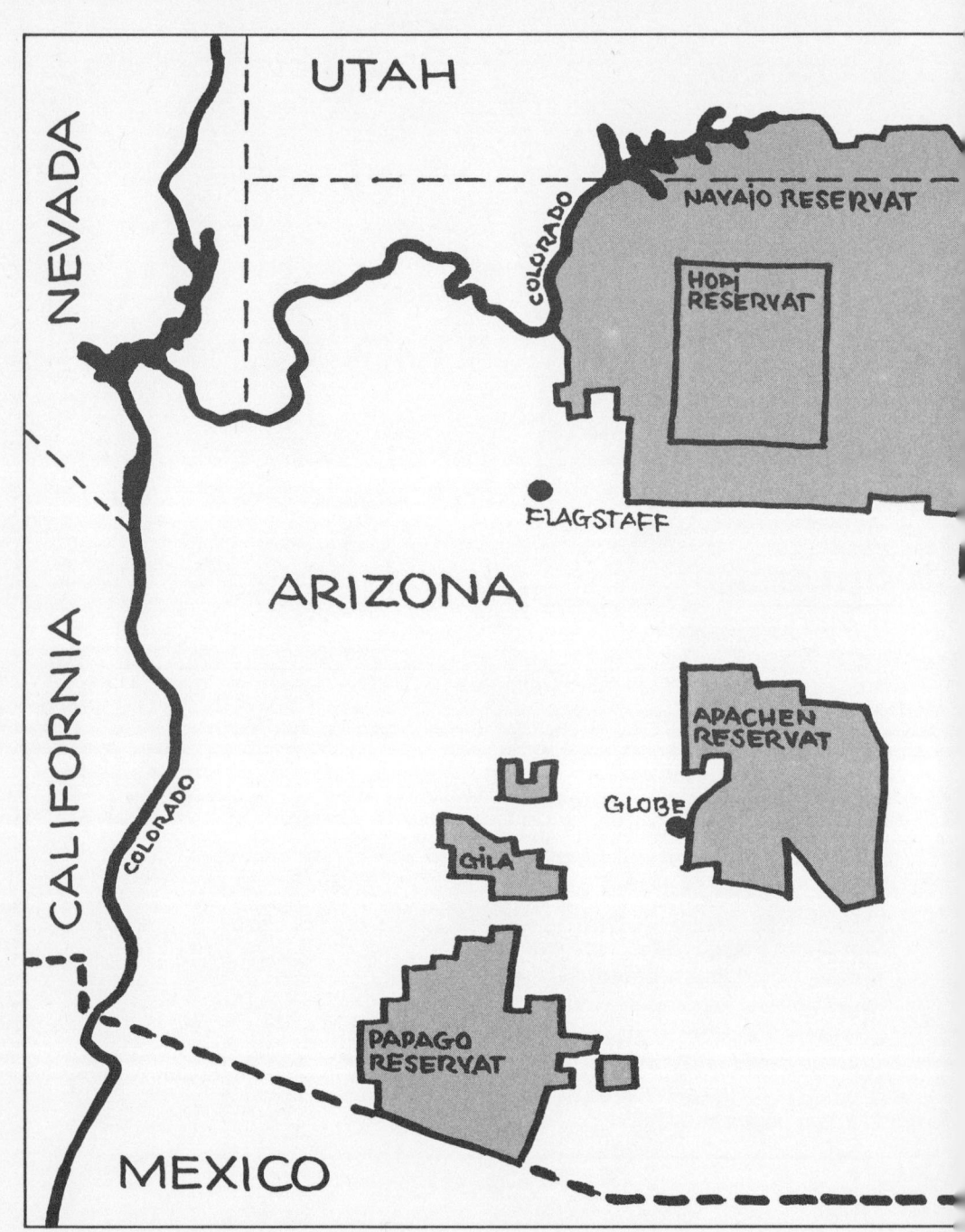

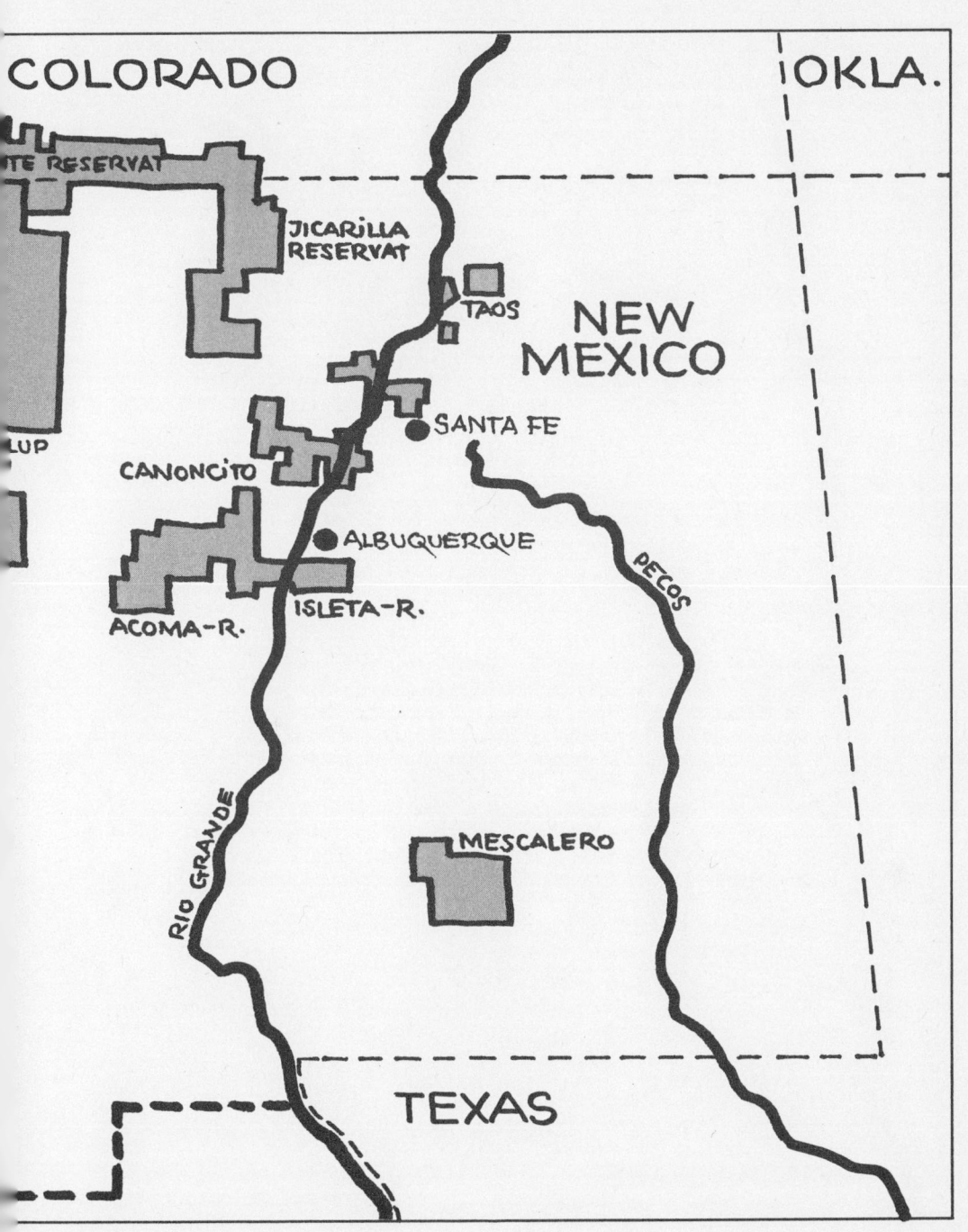

Statt Chemie hilft hier z.B. Essig, Zitrone, Honig, Salz, Milch, Öl, Zwiebel, Kartoffel, Petersilie

Chemie wird hier ersetzt z.B. durch Seife, Schlämmkreide, Sand, Rose, Knoblauch, Kohl, Apfel, Möhre, Holunder

Sie sind eingeladen oder wollen jemandem eine Freude machen. Es soll aber ein Geschenk sein, hinter dem Sie stehen können. Auf der anderen Seite wollen Sie natürlich nicht mit etwas kommen, das wie ein erhobener Zeigefinger oder gar wie ein Vorwurf aussieht. „Haushalt ohne Chemie" könnte Ihr Problem lösen: die Anregungen, natürliche Mittel wieder häufiger in Küche, Haus und Garten anzuwenden, reizen zum Ausprobieren. Schrullige alte Rezepte und Verfahren, nicht alle zur Nachahmung empfohlen, sorgen für schmunzelndes Vergnügen. Keiner wird diese attraktiv aufgemachten Bände unbeachtet ins Regal stellen. Insofern sollten Sie mal reinschauen, ehe Sie sie verschenken...
Jeder Band hat 160 Seiten, einen festen, unempfindlichen Vierfarbeinband und kostet 16,80 DM.

Dreisam-Verlag, Luisenstr. 7, 7800 Freiburg, Tel.: 0761/36033